—— 谨以此书 ——

纪念梁漱溟先生诞辰 130 周年

孔学绎旨

梁漱溟 著　梁钦元 整理

中华书局

图书在版编目（CIP）数据

孔学绎旨/梁漱溟著；梁钦元整理. —北京：中华书局，2023.10
ISBN 978-7-101-15626-3

Ⅰ.孔… Ⅱ.①梁…②梁… Ⅲ.孔丘（前551～前479）–儒家–哲学思想–研究 Ⅳ.B222.05

中国版本图书馆 CIP 数据核字（2022）第 010735 号

书　　名	孔学绎旨	
著　　者	梁漱溟	
整　　理	梁钦元	
责任编辑	孟庆媛	
责任印制	管　斌	
出版发行	中华书局	
	（北京市丰台区太平桥西里 38 号　100073）	
	http://www.zhbc.com.cn	
	E-mail：zhbc@zhbc.com.cn	
印　　刷	北京盛通印刷股份有限公司	
版　　次	2023 年 10 月第 1 版	
	2023 年 10 月第 1 次印刷	
规　　格	开本/880×1230 毫米　1/32	
	印张 8¾　插页 2　字数 142 千字	
印　　数	1–4000 册	
国际书号	ISBN 978-7-101-15626-3	
定　　价	48.00 元	

目 录

写在前面的话（代序）

梁培宽

　　1917 年，先父梁漱溟先生第一天去北大校长室报到，北大校长蔡元培先生、北大文学长陈独秀先生都在座。双方彼此寒暄后，先父开门见山便问："你们对孔子是什么态度？"这一问大约颇出于蔡元培校长意料之外，蔡先生略微思忖了片刻才答道："我们也不完全反对孔子。"先父随即说："我不但不反对，我此番来北大，更不做旁的事情，就是要替释迦和孔子说个明白。"

　　1921 年，先父在出版他的《东西文化及其哲学》一书时，不无沉痛地写道：今天的中国，西学有人提倡，佛学有人提倡，只是谈到孔子便羞涩得不能出口，以至于"孔子的道理成了不敢见人的东西"。孔子之真若非我出头倡导，可由哪个出头？——这正是迫得先父他自己来亲自做孔家生活的缘故。

1923 年下半年至 1924 年上半年，先父在北大哲学系正式讲授"儒家思想"课程，其内容即《孔家思想史》。关于《孔家思想史》来历及后来油印本始末，请阅编者"跋"。

而今，将《孔家思想史》换作以《孔学绎旨》为书名，也是基于梁漱溟先生的本意：他一直想把他自己对于儒门孔学的阐释和主张写成一书，而《孔学绎旨》，便是他此念头初起时就拟定过的。

由于时间相隔已近百年，在此或许应对著者本人稍作简介。梁漱溟先生对孔子的阐释，并不是受了哪个人的影响，而是由自己对人生的看法而起的。他的人生态度经历了由逐求、厌离到郑重的转变，即由功利到佛家，再到儒家的转变。先父崇信佛家思想从十几岁即开始了，自己以为人生是苦的，对人生持否定态度；一心认准了佛家道路，感到人生是苦。什么是苦？苦就是缺乏。满足的时候总是很少，不满足的时候多。缺乏多，苦多。梁漱溟的父亲——我的祖父梁巨川先生，对梁漱溟信佛出世是不满意的，但并不干涉，这是很难得的。梁漱溟认为他的一生如有什么成就和贡献，应归功于我的祖父（梁巨川先生）对他的宽放信任。

在极度苦闷中，先父说：一翻开佛经，通篇都是"苦"字，一翻开《论语》，却没有一个苦字，看到的是孔子"乐"的态度。这深深感染了他，从而让他致力于研究孔子，发现并总结出孔子的十四个人生态度。

在北大执教约四年后，先父放弃了出家念头，思想转入儒家。这个儒家是指王阳明门下的泰州学派。先父颇受其影响。泰州学派创始人王艮（1483—1541），字汝止，号心斋。他出身平民，37岁以前自学成家。以经商为业，然非其志；为学"逢人质义"，"不泥传注"，"信口谈解"。1520年，王艮赴江西南昌往见江西巡抚王守仁，经"反复论难"，"心大服，竟下拜执弟子礼"，从此成为王守仁的学生。王艮思想学术上倡导"百姓日用之道"，注重平民教育、道德教育，崇拜孔子，时时以"出则必为帝者师，处则必为天下万世师"及"格物说"，设计了一个"人人君子，此屋可封"的理想社会。先父讲：我很佩服王心斋，他是个盐工，其门下的也大多是劳工。他是依着思想而实践的人，所以他是社会活动家。我自己也是个做社会运动的人，乡村建设就是社会改造运动。他转向儒家，是因为佛家是出世的宗教，与人世间的需要不相合。其实梁漱溟先生内心仍然持佛家精神，并没有变，变的是他自己的生活（于1921年底结婚了）。他认为自己持的是大乘菩萨的救世精神，这与泰州学派的儒家精神是相通的。孔家是入世的，致力于当前，生死鬼神的事他不管。总之，持佛家精神过儒家生活，是他的心愿，他总觉得做得不够。

对先父自己来说，佛家与儒家这二者是共存的，共同成为生命的组成。他的个人思想既有浓重的佛家意味，也有相当强烈的儒家乐观精神，出世的佛家思想与入世的儒家思想在先父身上圆融无碍。他说孔子是实地做事的，他自己评价自己也是"一生是拼命干的"。

值得注意的是，梁漱溟先生一反前人多偏重于从文字符号和讲道理上解释孔子的常态。"孔子的学问就是他的生活。他一生用力之所在，不在旁处，只在他生活上。""从孔子起以到宋、明，在那一条路极有受用的，如程明道、王阳明等决不是想出许多道理来告诉人，他们传给人的只是他们的生活。如谓生活为思想、为哲学，自然非是，所谓思想或哲学者，不过是他的副产物。"他自己"创造"了一个称谓"儒门孔学"，却并未采用大家耳熟能详的"孔孟之道"或是"儒家学说"的说法。"儒门孔学"大致是指"先秦时期"孔孟学说及著述。

他把孔子归于生活上和"反躬自省"的"君子求诸己"上。1934 年，在孔子诞辰纪念典礼上，先父以《孔子学说之重光》为题演讲，他说："孔子毕生所研究的，的确不是旁的而明明就是他自己；不得已而为之名，或可叫做'自己学'。"所谓"'自己学'——孔子学说的价值，最后必有一天，一定为人类所发现，为人类所公认，重光于世界！"

可以说先父梁漱溟的生活方式是多重文化的混合体验，并坚持到他生命的最后一刻。他是本着自己思想而实践的。多重文化人格的交融，使他达到了一个不被常人轻易理解而又难以企及的境界。

读者或许疑问前有《梁漱溟先生讲孔孟》（梁漱溟著；李渊庭、阎秉华整理）一书行销多年，为何而今又来"炒冷饭"？

2018年时，我已年届93岁了，自己深感体力、精力衰减明显；我原先承担的先父著作编辑整理的工作亟需有人来接替。于是我便将手头的《孔家思想史》油印本交予长子钦元，未料想却引起了他的喜爱和格外重视。约两周后，钦元就主动向我提出：由他来对油印本的《孔家思想史》加以校勘、编辑、整理，以便出版发行。他的积极主动倒让我想起——先父即明确提出"把晦暗的孔子重新发扬光大，重新透露其真面目"，是"需要两面工夫。一面是心理学的工夫……"[1]而钦元恰巧已从事了十余年的心理工作，这本书由他来校勘、整理，也算是恰得其人，于是我便将这项校勘、整理的事务交付与他。他在校勘、整理过程中，时时主动与我商讨、交流；嗣后钦元告诉我：在校勘的过程中，他发现了李阎二位所编印出版的《梁漱溟先生讲孔孟》一书中，所刊载的《孔家思想史》的文本，与油印本《孔家思想史》相较，竟然有800余处错漏；这个情况确实令我深感惊诧，待我仔细看过钦元交给我的一份对照勘误表后，我才感到确实有必要重新校勘《孔家思想史》，并以《孔学绎旨》之名郑重出版此书。讲稿油印版经钦元认真核对，反复勘校，现由中华书局以《孔学绎旨》为名（参见本书编者跋）出版。

今天我们欣喜地看到：国人对传统文化的关注与认同达到一个新高潮，愈来愈多的人们日益喜好中国传统文化，尤其不少年轻人认真研读孔孟。潮流所至，又不免泥沙俱下、良莠混杂：包含着很陈腐、甚至很扭曲人性的传统文化糟粕也随之沉渣泛起。我们究竟如何才能把握和领略孔家思想的真精神？《孔学绎旨》的出版，或许为而今人们学习、掌握孔子的真精神打开了一条颇为不同的路径——儒门孔学是人生的态度，是植根于我们每个人日常生活的学问。

最后我还想说明一点：先父梁漱溟先生竭其一生致力

于"人生问题"与"中国问题"。他曾明确指出：世界文化的未来就是中国文化的复兴。他强调：中国文化更适宜解决人和精神的问题，它的复兴理所当然。期望《孔学绎旨》的出版能为今天的读者带来一些新鲜味道，把孔子的真精神用之日常，并因此让我们每个人生活顺适、生命嘹亮。

梁培宽

2019 年 7 月 5 日

2021 年 2 月 10 日再改

注释

1　见《孔子学说的重光》，原载于《乡村建设》旬刊，4 卷 5 期，1934
　　年 9 月 16 日。

一、命名

我当初本不愿意用"孔家思想史"这种名目，亦不愿意用"孔家哲学史"那种名目。在我与陈百年先生通信之时所用之题目是"孔学史"，要是我们根据实质来说，"孔家思想史"之名词实在不当。因为我们现在观察东方与西方之学问，由比较之结果，其中似有一种区别。以其发展之道路不同，学术之命名觉得须有所分别。欧洲在希腊时，一般人的眼光都向外看，于是对于宇宙万物，发生种种问题，所以他们在古代能发明天文数学等种种科学，都是看外面的世界，持静观的态度，用五官去研究以求解决此种问题。换言之，就是他们喜欢寻讨**对面的问题，具体的问题**，此种态度至文艺复兴时稍变。然而虽有"经验论"及以后之"认识论"来推翻前说，要亦不过运用理智发展前此问题至于精微而已。中国却不如是，印度亦当然非是（因问题不同）。中国古昔也有研究具体问题的，但未发展。

若就其发展者来说，则完全不同。西洋认识论发展之时，恰值宋明理学发皇之时，看去似若走一条路，相同的发展，其实乃两种相反的方向；各沿着自己的路在走。假若中国循此前进，决不会……并且永远不会走到认识论发展的道路上。中国的问题不是向外看，是注意在**"生活的本身"**，讲的是**变化，是生活**。要是用西洋的方法来讲，当然不适宜。**盖凡从理智出来的东西，皆固定不变者也**。

以上一段话，不过是说明用"孔家思想史"及"孔家哲学史"种种名词之不当，并且容易使人误会——孔家生活也不外许多理论或想出关于生活之种种道理。实则不是如此一回事。从孔子起以到宋、明，在那一条路极有受用的，如程明道、王阳明等决不是想出许多道理来告诉人，他们传给人的只是他们的生活。如谓生活为思想、为哲学，自然非是。所谓思想或哲学者，不过是他的副产物。故我以为用《孔学史》为较当，盖生活即学问之，我们不能离开生活而空谈学问。但是在教室里讲学，说来说去还是道理，还是思想。以生活非具体的物可示人也，故仍用此名。

二、范围

我提出这个题目之意思，原在说明孔家之真面目。而宋明之研究孔子者正不乏其人，以是不能不涉及宋明诸儒。但一般人之研究宋明理学者，又有一种太普遍之观念，似乎说宋明人研究的东西，不是孔家那套东西。究竟宋明人是否继承孔家所走那一条路，我们自不能不确实加以批评而求一解决。那么我们要作这种工夫，凡属关于批评宋明人的东西，亦自不可忽略。清代学者如戴东原辈多从事于此，所以对于近世须加注意，其所以前前后后都须讨论者，盖如是而后方能了解孔家之真义也。但我的意思现在有一点变更，以后再说。

　　以外，有讲孔家以经传为事者，本在孔家思想史范围以外，故汉代除有思想关于孔家而予以稍有所得外，纯主传经如伏生辈，则不涉及。清代如陈兰甫等有列出性、理、命、心各条目来综合汉代各家之思想，因谓汉代亦多有研究孔家那种问题者，其实则两不相干，要不过持客观态度，以研究或解释孔家思想耳。但说到此，我们发现一种困难问题，就是研究孔家思想者，实繁有徒，去取应以何为准？我想最好是以见解为准。凡有特殊意思，可说特别见解可取者，即列入之，若在同一见解之下，虽其人颇有价值，亦不列入，如清黄梨洲辈，其志节固有足称者，然以其得力于阳明、蕺山为多，故不另提。

三、取材

中国书籍，真是浩如烟海，其中关于孔家的也多至不可胜数。若要觅出一个头绪来，颇觉困难。现在只好就孔子手订的六经来讲。但是学者对于六经尚有"今古文"之争，迄今尚无定论。我们现在要研究他，只好以争论较少的书为凭。如此，我们的取材可分两样：

甲、严格的取材

六经中比较少有争论的是《论语》和《易经》。但《易经》的《系辞传》是否为孔子作的，尚不确定。所以最少有问题是《论语》，虽也有假托的，如孔子对于子路说"六言六蔽"是，然而大部分还靠得住。

乙、宽泛的取材

此不但那些假托书可以取材，即先后各学派的书籍也可以取材，即通俗一般人对于孔子的见解亦可作为研究之资料，甚至反对派的意思虽粗浅不可靠，亦可以指示我们一个方向。他们所说自然不一定是对，就是错了，我们可以问，到底为什么单错到**这面来**，而不错到**那面去**，这是很可研究的。如一般人以孔子为迂缓或文弱，这必定有个缘故在。于此，实可以指给我们一个大概的方向，让我们不往别的方向去寻孔子，而向此一方向去。我们所找得的结果，不一定是迂缓或文弱，然而可以给那错看孔子的人说出个缘故。设若不能说出一个缘故，那么所得的结果，仍非根本精神所在处。宋明以后，书籍极少伪托，多可取材。

四、方法

讲到方法一层，算是困难极了。我首先讲一句，若是讲孔家思想仍依从前那种样子，是决不能成功的，无结果的。所以现在最切要的是要有极好的方法出来。说到此处，须分开来讲，依孔家本身来说：

第一是谈形而上学；

第二是谈人生问题。

谈到形而上学的方法，真是困难，无法可讲。照我已有的主见说，我们可以作的，仅能避去讲学无结果的方法，但是要去寻出一种方法来讲，则难办到。如陆子持无极而太极之说，朱子则以为非。自然，我们对于孔子的玄学说话，多少可以理会一些。但是如何可以得一种方法去讲明玄学，实证他们的说法对不对呢？这真难说。所以对于形而上学方法问题，只得从略不讲，专谈人生问题一面的方法。

说到人生问题方面，从前的方法怎样？从前的人往往对于方法漫不经心，他们用的极可靠的方法就是一个**解释的方法**。这种方法，实在不能证明他们的意思与孔家的意思是一样。若是根据他们的意思去批评旁人的意思，真是大错。我们自然可以避免此病，并且还要进一步去改正他。

假使原来的意思不知道，我们不要去解释他，妄说一番道理。例如王阳明说，意是心之所发。其后泰州王一庵、余姚刘蕺山则云未发（按阳明说，意是心之所发，盖就虑念处言。而蕺山则云：意志也，心之主宰也，故云是未发），这是什么缘故？不过是彼此所知之"意"义有不同耳。**不在工夫上去验证，事实上去说话，但从符号上去讲求，终无头绪已耳**。最要紧的方法，是**要把符号用事实去验证出来**。除此以外，都不成功。换言之，即是**要实地去作这种生活**，方可以讲这个东西。要把以此当作思想或哲学客观地研究，完全不能讲。

我们说凡是符号，都要返回到事实去，才能研究这种东西。这好像西洋洛克所说，要扫去一切的空观念或虚伪的观念一样。我们通常的大病，就是只有许多观念。本来不是欺人的观念，在古人实有那一回事实，而后人偏不握着事实去说话，完全在空观念上讲，那自然要会变成欺人的空观念。要是我们从事实入手，虽不能了解古人真正的意义，却可以扫除这一切依稀、仿佛的假观念。要知道他们本来是简单的、痛快的。所以总要切近事实研究，不要用那形而上学推演辩证的方法。如人有善的行为而断其为性善，可是人又有恶的行为，则此何所自来？于是又想出一个说法。这都是用玄学上推演辩证的方法。他总是想如何排列出来方可以说的恰好，但终无结果。故凡有种种说法，都要陷于同样的谬误，宋人讲义理之性与气质之性，各有许多说法，亦然。中国的形而上学本身，固有他的价值，不过我此刻说不上来，至多也不过只能了解他一点意思，所以我们最好避开那种方法，免致谬误。

我说的**根据事实**，究竟是如何？就是心理，或者也可以说生理。前人往往不注意事实，我所谓事实者，**即是生活也**。就是不外乎心理与**生理也**。那么所有的问题，就有法解决了，霍布士研究社会是怎样成功的，他说是由于人人**交相利**。却是现在讲社会学的人，一看便知道他的错误，是由于推演而不根据事实。因社会之成立，全由于人有社会本能也。因此，我们要本着事实去讲，比较上方能了解清楚一些，确实一些，切不要说那种包揽笼统的话，如只概括断定性是怎样，不就心理现象上去一点一点地挨次去解决，那便大错。我们看心理方面，哪些是本能，哪些不是本能，本能之应付外面是怎样，老老实实去解决，一定可以成功。宋明人他不同的地方，就是宋人形而上学的色彩较多一些。而阳明差不多完全是在生活上，不取玄学上的说法。

我的意思也是要抱明儒那种态度去讲，则许多都可依此解决。晦庵之"道问学"，陆子之"尊德性"，说来说去都无结果。要是回到事实上去，就容易了。如人之作好行为，是先天的抑或是后天的，即使属于后天是如何养成的（朱子以为是由于学问），其根本上的价值如何，种种都可以讨论。而朱子之主"道问学穷义理"，抑合于孔孟的意思否，究竟后天的东西加进去，其价值是否与前一样或效力更好，皆可用本能习惯去解决。

前面不是说我们的意思有一点变动么，我现在打算不照着大纲上的次序去讲，前边不是说过，要了解孔家的真意义，不能不讲宋明人的东西，而清代的批评宋明者，当然亦须涉及。汉唐之有关系者，亦在必讲之列，所以列出时代来讲。现在不管是不是思想史、哲学史，不照那种次序。我们先讲明孔孟之真意之后，把程明道、王阳明提出来讲，意在把孔家的意思说个痛快淋漓，使大家知道，其次再讲各家，最终讲批评派或反对派，如戴东原、王船山、罗整庵等。

我们还有一个意思，是要大家都要去研究。如只我站在劳的一边，你们站在逸的一边，大家所得的一定很少。

我的意思是，我讲那个人的事实时，要大家去寻找关于批评他的话，摘录下来，看他非难之所在，就反对的地方，提出几个意见，我来解答。那么我们怀疑的地方，容易了解正面的意思也借此可以证明。

五、孔家思想之来历

在我所作的大纲里，不是有说明孔子思想之先导吗？当初很觉孔子的东西似乎是中国旧有的东西传到孔子的，但是此项问题实在有两派不同的主张：

甲、孔子是述而不作的；

乙、孔子的思想从前无所根据，乃孔子所独倡的。

此两派各有根据，都无可反驳；章实斋主张甲说，在《文史通义》里说孔家的东西是周公的东西，由尧、舜、禹、汤、文、武至周公而集大成。周公以后无人能集大成者，孔子不过传述周公的东西而已。一言以蔽之，学周公之东西而已。所谓孔子"祖述尧舜宪章文武"者，祖述则周公之旨，而宪章则周公之意，祖述宪章要亦学周公耳。孔子"吾不复梦见周公"之语，更足见孔子一生都是学周公，到衰老时，此志不行而有所叹也。张孟劬先生的《史微》亦本章氏之意思，他说章氏得力于刘歆，盖亦指此。

盖刘歆《七略》说各家出于史官，儒家之五经六史，由这种理论看出，似乎可信。以古天子设史各掌其事，诸子各派的思想，都从此出。因古代不能说人人都有学问，一切学问政教，统是几个聪明人去作，他们各自分工，哪个管战事，哪个管农事，各负各的责任。

所有的经验都录出来，所谓智识都是由其中抽出来，只有高尚的人才能得到，一般人则无机会可得。此可证明某派出于某官之说，很足令吾人相信孔子只站在述的地位上，仅《春秋》有创之名，故孔子的思想还是古来的东西。儒家出于司徒之官，孔子即传此派思想者。但孔子反把太史的东西——《易经》——弄在他手里，所以他们说孔子的弟子为儒家，而孔子非儒家者，以其兼道家也。

主张乙说者，则有康南海等，康著《孔子改制考》，第一证明上古是茫昧无稽，而认孔子为创作者。他引《论语》《礼记》的话，说夏礼、殷礼以无文献，都无可征引；又引《诗》以证井田之不可考，则孔孟以前制度当然一概无有；第二在诸子创制考里面，证明各家本着自家思想去创造制度。孔子则先创儒家。盖儒、墨、道、法于此时各主张用某种制度，如冠服、三年丧、合葬、亲迎、井田、学校、选举等制度，都是孔子所创造，决非周公或古人的东西。我们不能逐条证明。仅提三年丧以证之：

一为外面的证明。

孔子谓三年丧为三代制度。墨子非之，主张三月之丧。孔墨俱称道古先圣王，要是三年丧为古代制度，则墨子当然不能非辨而为孔子为大伪；若据旁人的批评，如韩非《显学篇》说孔墨俱道尧舜，而自谓真尧舜，尧舜不可复生，谁复使定儒墨之真乎？此更足以证实晚周诸子各去创造各家的制度。

一为内面的证明。

（一）《论语》载宰我问三年丧，"期已久矣。君子三年不为礼，礼必坏；三年不为乐，乐必崩。旧谷既没，新谷既升，钻燧改火，期可已矣"，似乎对于三年丧持个商量的态度，以为一年就可以。要是三年丧为古圣三王之礼，而又为社会一般人所遵行，则宰我怎样可以持一种商量的态度？

（二）滕定公薨，文公使人问礼于孟子，孟子答曰："诸侯之礼，吾未之学也。虽然，吾尝闻之矣：三年之丧，齐疏之服，飦粥之食，自天子达于庶人，三代共之。"然友反命，定为三年之丧，父兄百官皆不欲，曰"吾宗国鲁先君莫之行，吾先君亦莫之行也"。

若是三年丧为古礼或周礼，则各国必自尊行，而为国之君当然不能破坏之，父兄百官亦不致反对。于此可证是托古而伪为古之制度也。以上的话，皆证孔子的东西为彼所创造。我们看他们两派都各有丰富的议论，确实的证据，对于他们实无许多意见可说。

六、孔子的人生态度

凭借以上所说的材料或方法，我们现在第一要注意的是孔子的学问究竟是什么东西，于此，我们有一最可靠的证据，《论语》上说：

子曰："吾十有五而志于学，三十而立，四十而不惑，五十而知天命，六十而耳顺，七十而从心所欲，不逾矩。"

这我们不必瞎猜所学所立……各名词之内容究竟是指什么说的。其内容我们现在通不知道，我们所能知道的，从孔子的幼年以至于老，无论不惑、知天命等，都是说**他的生活**。**他所谓学问就是他的生活**。他一生用力之所在，不在旁处，只在他**生活上**。

我们可以再从《论语》里说两个佐证：

哀公问："弟子孰为好学？"孔子对曰："有颜回者好学，不迁怒，不贰过，不幸短命死矣，今也则亡，未闻好学者也。"

木匠的好学生，当然是善做木器；画家的好学生，当然是善画了。至于孔子的好学生，到底是干什么的？颜子是孔子的顶好的学生，而他所以值得孔子夸奖和赞叹，就在不迁怒、不贰过两点上。我们在这上面也不敢乱讲，说是什么意思；但是确可知道孔子是指着颜回**如此的生活**而夸奖赞叹的。又如：

子曰："回也，其心三月不违仁，其余则日月至焉而已矣。"

颜回顶大的本领是其心三月不违仁。到底不违仁这个符号是如何讲，我们现在也无从知道。但是，孔子所说的，是指颜回的**生活**。这个符号就是代表**生活**，这是可以断言的。从此可知孔子自己的学问**是生活**。他的学生所以值得赞叹，也是因为生活美善。

于此我们可以确定一个大方向。**寻孔子不向生活这个方向去，绝对寻不着**。我们对于他的生活能**彻底了解**，对于他的真面目自然就容易**认识**了：

（一）从此我们可以证明出来，在孔子主要的，只有他老老实实的**生活**，没有别的学问。说他的学问是智识、技能、艺术或其他，都不对。因为他没想发明许多理论供给人听，比较着可以说是哲学，但哲学也仅是他生活中的副产物。所以本着哲学的意思去讲孔子，准讲不到孔子的真面目上去。因为他的道理是在他的生活上。不了解他的生活，怎能了解他的道理？

（二）可证明汉代经学家要划在孔学范围以外，因为他们不在生活上面去学孔子，将孔子生活丢下，只是去研究孔子的书籍、孔子的思想，他们的方向不是孔子的方向，当然要被划在讨论之外。

（三）胡适之先生在他的《中国哲学史大纲》里讲《大学》、《中庸》之时，说儒家的极端实际的人生哲学，何以忽然出现孟子和荀子这派心理的人生哲学？于是他证求《大学》、《中庸》这两书是孟、荀以前的书。他又说：《大学》和《中庸》的第三个要点是关于心理一方面的研究，换句话说，儒家到了《大学》、《中庸》时代，已从外务的儒学进入内观的哲学。那些最早的儒家，只注重实际的伦理和政治，只注重礼乐仪节，不讲心理内观。他认孔子是讲实际而非心理的这话，实则我们并不想说孔子有所谓心理的内观。但是，他非是实际的外务的在所谓礼乐仪节等枝节上**去作的**。由我们所知道的，完全不如胡先生所说治人的那种零絮的事情，而是**自己的生活**。胡先生实在看得太粗。孔子所讲的，决不是一个表面上有条理而零絮的事情，实在是自己的**一个生活**。如孔子之称颜子，说其心"三月不违仁"，那不是心理的内观么？！所谓"不迁怒、不贰过"，更全是内心的生活，说是外务，那便大错了。孔子自己说："默而识之，学而不厌"，要先默才去学，这岂是只注重礼乐仪节吗？

（四）平常人主张孔子的讲"三纲五常"，以为这是孔子的精神所在，攻击孔子的也照此攻击。其实，这原与孔子的真面目不大相干的。"三纲五常"是否为孔子的东西，我们无从知道。这些东西全是属于社会方面的，看所谓"不惑"、"知天命"等，只是他个人的生活，并未曾说到社会。即认"三纲五常"是孔子的东西，那是由他生活上发出来而展布于社会的。所以打算主张孔子或攻击孔子，要根本着眼在他的生活上才是。若仅主张或攻击"三纲五常"，就讲对了，那也是在旁处去了，非孔子的根本精神。

（五）经学家如廖季平、康有为辈，都以《礼运》上的"小康"、"大同"来主张孔子。《礼运》是否为孔子所作，本已可疑；即认定为孔子的东西，也不过是社会政治的几方面，那也讲到旁处去了。那种东西或者还可讲，不过有一个条件，就是要了解他根本的所在——生活。不然，便会走到歧路上去。

在上面，我们已经把方向确定了，然后去研究他。在此时须先提及的，凡类于这种材料怎样去整理，说到此处就成了一个困难的问题，因《论语》这个书本身就困难了，他的材料很零碎，不同孟子的书一篇篇的很清楚。孟子好辩，与旁人讲话的时候，时常有许多议论，辩论的结果很容易观察出他的精神所在，使我们知道他的真正意思，确实见解。《论语》仅只一件一件事情地问答。或许孔子这个人很难研究，因为他不喜欢说话，不如孟子那样好辩，只就事实说两句便止了，他时常有这个态度：

君子欲讷于言而敏于行。

仁者，其言也讱。

古者言之不出，耻躬之不逮也。

君子耻其言而过其行。

子贡问君子。子曰："先行其言而后从之。"

子曰：敏于事而慎于言。

我们翻开《论语》，类此者多矣，均可表现他的态度。

这个态度是个很要紧的地方，直到以后有重要的关系，于此，我们不应有所忽略。孔子所以如此者，只要人家去做事情，所以没有许多理论。因此，要去研究他的意思，便属困难。但是在这个困难当中，我们还是要想法子去探讨，现在我有两个方法：

第一，是凭藉的方法。就是上面说孔子顶好的弟子是颜子，我们若是找不着孔子，找着颜子也可知道孔子。自然，找着孔子是更要确实些。而找着颜子却可以给我们一个大帮助去证实孔子的生活。

第二，是归整的方法。把《论语》零碎的东西，弄成个整个的东西，把其中极昭著的态度、极鲜明的色彩的地方，先提出来，再去确定他。把他的许多态度一一列出，然后在生活上理会，去指实那种生活，看他最重要的观念是什么，是否可以贯串全部于此，通通都可以得一解释。这种解释，在理论上无论如何是一个假定的解释，我们不能否认的却是这种假定的解释是有方法的，如胡适之先生、蔡子民先生及梁任公等关于孔子都有他们假设的解释。惜乎都没有方法，仅只提出一二句话来解释而已。用我的方法，可以一直到底穿透过去，通通没有障碍，并且在我心目中活跃欲现的这种方法，在理论上虽不免为一种假设的解说，然可由一件零碎的东西弄成整个的，对于孔子的东西得以理会清楚。

第一条 乐

我们一翻开《论语》看孔子的第一个态度，即是孔子
生活的道路，一见便觉得他的意味非常之长，非常之妙。
《论语》的第一章，孔子开腔便说：

> 学而时习之，不亦说乎？有朋自远方来，不亦
> 乐乎？人不知而不愠，不亦君子乎？

单从这几句话，可见他的态度非常鲜明，可以想见他心里
自得的样子。其次如：

> 叶公问孔子于子路，子路不对。子曰："汝奚不
> 曰，其为人也，发愤忘食，乐以忘忧，不知老之将
> 至云尔。"

他自己说他的生活是如此，这可以见出孔子心里的那种乐
趣快畅，生活之乐是很显著的。又如：

> 贤哉，回也！一箪食，一瓢饮，在陋巷，人不

堪其忧，回也不改其乐，贤哉，回也！

这些话是赞颜子生活的快乐。可知乐在孔学中最为重要。这乐字在《论语》里是常见的，并没有一个苦字。

> 子曰："君子道者三，我无能焉：仁者不忧，知者不惑，勇者不惧。"子贡曰："夫子自道也。"

他的弟子子贡承认他是能这样做的，所以说"夫子自道"。智与惑、勇与惧、仁与忧都是对待的字。孔子说"仁者不忧"，到底仁者是怎样仁者？就是不忧的人，反过来说，忧者便是不仁了。要做仁者，必须要不忧，不忧就是仁了。所以也可以说仁者就是乐了。更有许多话可引，如：

> 知之者不如好之者，好之者不如乐之者。
> 知者乐水，仁者乐山。……知者乐，仁者寿。
> 默而识之，学而不厌，诲人不倦。
> 饭疏食饮水，曲肱而枕之，乐亦在其中矣。

看他这般的不厌不倦，无时无地不是乐的，乐真是他生活中最昭著的色彩。此外，如弟子称道孔子的话：

> 子之燕居，申申如也，夭夭如也。

这些话都是表示孔子生活态度很乐的样子。更有一点，我们可以发现一些道理出来：

> 子曰："君子坦荡荡，小人长戚戚。"

荡荡戚戚都是生活的状况，其中却又包含了一个问题，似乎在伦理上的君子、小人也因此有了分别。所以照这两句话看来，一面可以证明孔子自己生活中乐的态度，一面发现乐与忧分别的问题，与好人坏人打成一片成为伦理的问题。发现这种问题，亦可证明孔子态度之确定。**乐为孔子生活当中最昭著之态度**，《论语》言之甚详矣。

第二条　仁

仁则为孔子极重要的观念。据有人说：《论语》关于仁的地方有五十八处，而阮元《揅经室集》中"论仁篇"说，仁在《论语》里面见一百零五回。于此可证仁是孔子的一个最重要的观念。至于说仁是什么，乐是什么，此刻都不讲。

第三条　讷言敏行

古者言之不出，耻躬之不逮也。

君子欲讷于言而敏于行。

仁者，其言也讱。

子贡问君子。子曰："先行其言而后从之。"

君子耻其言而过其行。

其言之不怍，则为之也难。

巧言令色，鲜矣仁。

刚、毅、木、讷，近仁。

孔子不爱说话，只实地作事，于此可见。

第四条　看自己

这个态度有好几条可以看得出，而显著的话就是：

君子求诸己，小人求诸人。

古之学者为己，今之学者为人。

这都是看自己不向外找的态度。

我们曾说用一种方法去求孔子的意思，先把《论语》

里面的零碎材料归纳成几个重要的态度，然后由其中去理会孔子的根本态度，把他的根本态度找出时，再逐条去解释。现在已经讲到第四条，还有几句话要补充，他说：

> 不患无位，患所以立。
>
> 不患人之不己知，患不知人也。

这种意思本没有相当的话拿来表示，**重己**，似乎也不好。照意思说来，未尝不对，因重己照直说只是看自己不看见他人。但照字面上看似乎不好。虽然他的事实确是如此。所以勉强定为"看自己"。这个名词，因为是符号上或字面上的，本不重要，最要者，还是要反到事实上去。

第五条　只看当下

这与看自己的态度是相连的。孔子说：

> 君子思不出其位。
>
> 素其位而行，不愿乎其外。
>
> 不在其位，不谋其政。

最末这个话，或者含有他义，却也可帮助表示只看当下的态度。

以上两个态度一为对于空间的态度，一为对于时间的态度；一是注意此处，一是集中于**现在**。

第六条　反宗教

因为宗教与以上两个态度是相反的，宗教是抱一个极久极远的目的，所以反对他。

> 季路问事鬼神。子曰："未能事人，焉能事鬼？"曰："敢问死。"曰："未知生，焉知死？"

他只管当下生活的事情，死后他不管的。除此以外都不谈。宗教说的都是过去未来之事，事鬼神之事，恰与孔子"非其鬼而祭之谄也"的态度大相反背。他只要人祭祖宗就好了。如"子不语怪力乱神"却与宗教相反也。宗教之占顶大势力高位置者，如佛教经论中则很少谈人事及当下的事情。佛家孔家实在是各走一条路。其次：

> 索隐行怪。

也可放在此条里面。

上面已举孔子很显著的六个态度，但还有一个极明豁而为我们所遗漏的，就是子绝四毋：毋意、毋必、毋固、毋我。

第七条　毋意、必、固、我

这个态度杨慈湖常提及，他心目中讲孔家生活时常用一句话来包括，即是**"不起意"**。他说孔子时常有此表示，如孔子说"我则异于是，无可无不可"，都可证知。我最初用**"不认定"**三字来表示，但觉不好。我们还是直接把他写出好了。

第八条　非功利

孔子说：

> 君子喻于义，小人喻于利。
>
> 放于利而行，多怨。

均可想见。

第九条　非刑罚

孔子说：

为政以德，譬如北辰，居其所而众星共之。

　　道之以政，齐之以刑，民免而无耻；道之以德，齐之以礼，有耻且格。

这种鲜明的态度，与法家绝不同。盖一讲王道，一讲霸道也。

第十条　礼

　　这个态度，《论语》时常提到，也很重要。

第十一条　孝弟

　　他非刑罚，当然注重教化而尚孝弟。在《论语》处处可见。

第十二条　不迁怒，不贰过

　　他极夸奖的弟子为颜子。而称赞颜子极好的话则为"不迁怒，不贰过"与"回也，其心三月不违仁"。此虽为颜子的生活，但足见在孔子生活中亦甚重要。此虽是一条而为两个态度，至不违仁一项，因与仁有关系，故不另列（第十、十二两条原则列入第三与第四）。

第十三条 （天）命

所谓命这个东西，似乎也让我们注意，孔子是讲他自己的生活，说：

> 五十而知天命。
>
> 道之将行也与，命也；道之将废也与，命也。
>
> 不知命，无以为君子。

总上十三条，有十四个态度，此外也许还有别的态度，但大都不甚重要，顶重要也只此十四个。一部《论语》都可括入此十四个态度中，再于此中寻出个基本来，便可想见孔子的生活，得了这个整的东西，旁的态度遂可通统得一解释。

乐

现在来讲孔子生活的乐。乐的态度在人心境是**安和自在**，里面都可以讲的。但现在因就我自己的经验来说，我怎样找着孔子的这个态度，这段话很长。我原来不想讲甚么哲学，更不想研究什么西洋或东洋哲学。但为什么竟来讲，因为我生活上发生问题，要想去解答人生苦恼的问题，所以去找孔子的态度。

我怎样找着的，其最重要的地方，就是在孔子生活的态度里面找出来的，所以才来研究他。并且，我还想告诉大家，我由佛家生活转入孔家生活的原因，以及佛家、孔家生活之不同的地方。我在十三四岁时，仿佛是个野心家，很夸大，许多事实且多可笑，姑不去说。

所谓野心者，是一个太贪的心。因此，在十七八岁时，简直苦极了。这种太贪的心，真是厉害，人若是不想名利，无所要求，真没有碰钉子的时候。但有了欲求，则碰钉子。欲求愈大，所碰的钉子愈甚，层层挫折。我欲达大的要求，弄得来神经衰弱，心中苦痛。

有一日我在阳光之下，正在深思——余素好思深——见我家的女仆在晒衣，用手去打绳子，仿佛心里一点事没有，很快乐，余甚怪异。回思我的境遇与她的境遇大相径庭，彼境遇坏而反大乐，我境遇好而反大苦；从此想去，复看旁人，而旁人皆乐，己则种种事情皆不如意。于此，遂发现一问题，见著平常对苦乐之观察大谬，就是**平常都把苦乐认在境遇上，实则苦乐是在主观方面，而不在客观方面**。我想我家庭境遇好，我在学校成绩好，论环境都好，而反苦者，是因为主观方面心境之苦耳。因之对于苦乐问题作一深的研究，结果遂直入佛家的道路，我因以为所有的事与我所观察的都对。但有一事使我以前的苦乐观根本动摇者，就是看到孔子生活之乐的态度，余之喜欢王心斋一派亦以此也。

我当时引一句话来表明这个道理，就是说振贝子的苦乐与拉车子的苦乐是一样的。振贝子是清末庆亲王的儿子，其境遇真算好，但是他的苦实多。我当时喜作笔记，曾把我的意见发表过。就是我初想，我们有欲求的时候**因有苦乐可言**，遂发生**苦乐的问题**。富贵的愈苦，以其欲求**愈大**。若无**所求**，则无苦乐可言。可见苦乐是**因欲求而有**。但是我们再深细地想，我们拿刀割手，我们仍觉得苦。若是苦因欲求而有，则此我们无欲求亦生苦痛，将作何解？我当时以为或者是生命根本上便是欲求，故人有求生之欲而拒绝痛苦。此种欲求不是在念虑上，乃在生命里面便有的。所以照我的意思分为两种欲求，一是表之于外的**有念欲求**，一是藏于生命里的**无念欲求**。我当时立了四条根据，并由此根据建立四条推论，去推翻平常人一般苦乐观。

四种根据：

一、欲求的感觉而言。如痛痒之感觉，因有潜伏欲求在里面之故。此是说，生命根本是一个**盲目的欲求**。叔本华且把此说应用到无生物里面去。

二、苦乐惟**因欲求而有**，若无欲求时，亦无苦乐。

三、苦者，**欲不得遂之谓**，此外无他义。苦之轻重，实视欲之大小而定。

四、乐者，**欲得遂之谓**，此外无他义。

此四条极平常，人皆知道之，但照我们的说法，可以扫荡一切障翳眼光弄不清楚的地方。叔本华及章太炎（俱分进化论）讲欲求的意思都与我合，但还未把障翳眼睛的地方扫荡干净，他两人的意思以后去讲。由上面四条于是提出四种推论：

一、欲念无已时

本来生命照我们的解法是一大欲求，生命不完，其潜伏欲乃无已时。如我有生命，刀割我，我就一定感痛，此不但潜伏欲无法**除掉**，即有念欲求，亦生生**不已**。叔本华及章太炎都讲到此，都未说明。其理可用上面的四根据来讲清楚。如人饱食暖衣，种种俱足，一时不得其所欲，则此时人必烦闷。现在之所谓阔人者，上午十二点钟才起床，第一件大事就是"今天干什么？"到后来还是归到打牌。此烦闷之苦，在他很苦。照我的说法，此苦就**是感官无所摄受**，与老病等苦相同的，此是潜伏欲不得遂，与有念苦是一样的**无摄受苦**，他立刻便迸破此心，去求所谓摄受者。当闷时还可说为无念欲，但一到烦时，则便成为有念欲了。所以说，不但无念欲**无已时**，即有念欲**亦无已时**也。聪明人不但有念欲更多，而潜伏欲之无所摄受之苦亦较乡下人**为多**。

二、世间苦多于乐

欲求者**缺短东西去拿东西来填之谓**。但缺短时多，而满足时少，所以不得遂是他本位，而得遂则为例外也。故世间苦多于乐。

三、振贝子的苦乐与拉车者之苦乐相等

此条很重要。就是苦乐不是在**境遇上**，境遇并不足以表示苦乐，必视**境遇对于处之者的欲求是如何乃生苦乐**。故振贝子之苦乐，无异于拉车者之苦乐，即境遇本身并无所谓**苦乐**，只视境遇是否为他欲求之所在。

四、欲求愈进必愈苦

世间所希望之乐境如文明、进化、大同、黄金世界以及种种理想之社会，许多聪明人都喜作此想。此不啻与富贵同一妄惑，并且彼时之苦必过于今。因人站在欲望上，一欲望得达，他欲望又将起来了。所谓欲望得遂者，只不过从第一个问题揭过去，到第二个问题耳。未揭过去时，以为彼处有乐，但既揭过去则无所谓乐了。故此说不但与富贵同一妄惑，进一层说其苦且过于今。根本的意思就是人类愈进化则愈聪明，愈聪明则愈多苦。章太炎"俱分进化论"亦曾驳希望进化者之误，而谓苦乐是并进的。

由第三条的推论，则希望富贵者是惑妄；依第四条的推论，则大圣大哲之欲改进社会亦是同其幻妄。照我们的意思，则他们**从环境去救人，只不过是由第一问题引到第二问题而已**。我当时以为此理确乎不易，所谓解决世间问题之大圣大哲均是糊涂。而唯一救人之路，只有让人根本去解脱**生命**。凡有生命的，欲有乐而无苦既绝做不到，并且明是苦多于乐。你要拒绝苦，则非解脱你的生命不可也，此是根本解决。我当时只找到释迦牟尼是如此。他是从生命的地方去解救人，如周公、孔子、苏格拉底辈是错的。所以我当时直接走入佛家的路，简直不回头。后来在民国五六年间，着于研究孔家的东西，把儒家的书通统翻过一次，便发觉我从前的苦乐观，虽能把许多的意见包括在内，但却不能把儒家的意思概括进去，他的意思直出我论断之外。

在前，我以为看世间人生只有两面，**一是向外面去找**，走欲求的路，许多圣哲都是顺着这个方向去找一个东西来解救大家；一是**取消欲求**，根本上是**取消问题**，这是佛家的路子。我当时不知印度许多外道都是走的这个方向，仅知道佛家是如此。佛家他不像许多圣哲顺着欲求的路去想法子，他是去取消欲求，根本是在解脱生命。我以前是如此看法，真是不觉得在此二者之间或二者之外，另有一个看法。迨我把孔家的书籍看过一次之后，乃知另有一条路，独立于此二者之外，即是救人还是另外有一条路。

我以前看乐是在欲求得遂，此处无他义。等到看了孔家的意思以后，实出我原意之外，因为原来都看**乐是有所倚待**。我看社会一切，愈觉我的意思对，而儒家却另外有他的解释。他不从改造局面去救人，不是看乐是有所依待，而是**走无所倚待之路**。我因觉得孔家意思在我心目中是一个新颖的意思，为以前所未见着的，我对他的道理有一个理会。

当时我有许多感想，此刻说不上来，但我可说一事，就是看到颜子"其心三月不违仁"，我躺在卧几上觉得有一种默契，我的意思差不多从此开发，我于此看孔子的思想全体，差不多都可以贯串下去，只有《礼运》大同说与孔子的思想根本冲突。盖此是改造局面来救人，却非是无所依待去救人。孔子不是如前面所说从**取消问题去救人，是从不成问题去救人。他视善恶等种种分别是非常可鄙**。我初走佛家的路，未见着孔家的态度时，对于一切圣哲通加鄙薄。如我以前看宋明诸儒，似乎都依违莫测，又不是从改造局面去救人，又不是根本解脱生命。迨既看孔家的经典以后，再去看宋明人，始知其用意。因为他们是另外走孔家一条路也。于此，我对于"乐"的解释便不同了。现在提出来修正以前的解释。

真正所谓乐者，是生机的活泼。即生机的畅达，生命的波澜也。从前说乐是欲求得遂，虽未错，但还有深的解释，即是欲求得遂之谓乐，乃是从小范围看，根本上所谓欲求得遂还是在**心境调和平衡**。这仿佛是有两个条件，一个是**调和**，一个是**新**。如我想吃东西，当未吃时是不调和，但吃了则调和，于是在生命上开一新局面。当欲求时是不平衡，欲求遂了则平衡矣。故乐一面是**调和**，一面是**新波**

浪。调和与新是不能分开的。故生机畅达溢洋则乐，不畅则苦。此所谓新与调和，即前讲仁时所谓活气。求得调和没有不是新。所谓赌博、看戏、听音乐，皆是求一新局面。贪赌博有时不能说他是贪钱，因为赌博输赢时常掉换，时常能给他一个新局面之故。他的生机不畅，仿佛要靠外面去刺激他，看戏、听音乐都是如此。

孔家他是根本在心里能给他一个新波浪。而平常人则须要外面去给一个刺激，他才起一个新波浪。讲学问有滋味也是如是。所谓有兴味者，就是生机畅达。所谓干燥者，就是生机不畅。所以我常说，糖并不甜，甜是在吃上，是在新上，是在调和上，糖无所谓好吃。推广来说，就是环境无所谓乐，生命原来是动的，自然流行的，畅达溢洋的，并不要外面去刺激，去拨动。只有生命这个东西是活动的，只有人去动别的，没有别的去动人。故人本来是活的、动的。

所谓孔家的生活，是不要外面去拨动，人是自己能活动的生命，本来是时新的，时时是乐的。乐是在心上，人不要去找。放下找的时候便是乐，便是新。物类不能去抑制冲动，让生命淹滞，他时时是整个的，是全个的。其实人没有不是整的，但人用意识去找的时候，时常把自己情趣压抑下去了。我们正在情趣中，实在不能找，找便无情趣。向知的方向一找，情趣自然**抑下去**。而禽兽则情知不能分，此亦人与禽兽之异也。

上面所说乐就是生机畅达溢洋。而普通人作乐、求乐的一条路，则从外面去拨动，而使他起一新波浪，此不过是乐之解释之一条。**生命本来会自己涌现出来而畅达溢洋的，实无待外面去拨动他**，才涌现畅达有活泼新鲜的意思，生命他自己本会如此，用不着去拨而后动。**我们觉得不流畅的时候，都是由于找而把情趣压抑下去了**。因为找就是自己要等待，等待所要求的东西。要是**正在情趣中，又何须找？一找，畅达抑扬的生机便停滞了，失掉活泼，失掉乐趣**。所以就要由外面去拨动似的。至于新鲜生命，本来是时时新颖的，岂但心如是，一般所谓物质者，亦时时翻新，已为大家所公认。然则怎样会旧？所谓旧者，仿佛带有客观的意味。我们觉得旧也只是**方式**方面，**轨范**方面。

唯识所谓顿起顿灭，前灭后生，由相似相续观之而有所谓旧，**但材料则完全是新，绝对不旧**。若不是时常是新，我们怎会由少以至于老。我们说到旧便有嫌的意思，因人莫不厌故喜新。其实无所谓旧不旧，只看我们情趣放在何处。有一间小屋子，我永远在那里坐着，如我的情趣放在外境上，便觉得烦闷极了；如果是我拿书，一点钟也看它，两点钟也看它，而心则比较不烦闷。这是因把情趣稍微放在里面一点。**要是当真把生活重心——情趣放在生活本身上，那么生活就时时是新**。你就是坐在房子里一天都不厌倦。因为是**重心在生活本身，则完全无所倚待**。

以上第一种是把乐放在外境上，则须外面去拨动他；第二种则放在活动上，如画画、唱歌，非常快乐，是此罗素所谓创造的冲动，但不能说完全无所依待；第三种则是放在正中，放在生活里面，即使枯坐房中，他的意味还是深长，还是觉得**新鲜**。故不靠外面，而靠活动，都是由放在自己里面而得其解释。因他本来自己**会乐**，不须**凭藉**。放在活动上，虽不是真正孔家的路子，但却与之接近。盖**一则稍有所倚待**，一则**全无所倚待**故也。

我们站在现在批评以前的见解，虽是有翻案的地方，然而亦无大差。

一、我们说，不能说哪种境遇是乐，哪种境遇是苦，此话未错。因为乐是要新，是要调和，故完全看**能动**的和**所在意**的方面，像他诚然也可以给人以乐，但要看主观方面如何。人把糖与乐拴在一块，以为糖就是乐，一块糖是一倍乐，两块糖是两倍乐，糖愈加则乐愈加。人虽未吃万块糖而感到有万倍乐，但他却作如此想。其实全不能执境为乐，而乐是在心上，根本是在**生机畅达溢洋**。故说境遇无苦乐可言，没错也。

二、说大家苦乐差不多一条也没有错。

三、我们说欲念生生无已，那就错了。

因为当时含有一个假定，就是人人都把情趣放在外面，一般人都持一个找的态度，所以愈找愈厌故**喜新**，愈厌故喜新**愈找**，以是欲求生生无已。我当时因不知有不找之可能，故有此说，若不找时，那便根本不能成立了，于此可知欲求实有已时。孔家便站在此一点上，所以他说寡欲无欲，实在他是当真无欲，有一点欲便不成也。

四、说人生苦多于乐，亦错了。

前认**生命根本是欲求**。欲求即是缺短。**不遂是其本位**，故说苦多于乐。此说是从欲求生生不已之看法来建立的。而生命根本上自己是生活，实无待找。你找的时候便缺短。若时时待找，便时时苦多于乐，但是若把生活重心放在生活里面，实在时时都是**不成问题**，时时是满足，时时是**畅达溢洋**。

我们既得了乐的解释，现在再来讲"仁者不忧"这一条。我们以前说仁，**就是照他自己生命之理去生活**。仁者他的生命（即是仁）自己会涌现出来，不待外面去拨动。孔子的生活也是听他自己涌现。所以忧者就是**欲念**，就是**欲求**，就是**找**。仁者时常关怀旁的事情，完全是一个易感，所以他容易悲，容易哭，容易愁，但他到感触而止，他却是**过而不留**，他的一种悲哀的样子，却不是有一个忧放**在心里**，即不是有一个欲念放在**心里**，所以他的生活依旧流畅下去而不滞塞。

如小孩比大人哭的时候多，他实在比大人乐的时候多，他哭的时候，有时直是他畅快的时候。因之，他的心无所蕴蓄，一味流畅下去。仁者也是如小孩一样，他的生活时常在生命之理上，是以时时流畅。他并不是没有悲哀，没有忧惧，但是由那种悲哀、忧惧所生的忧伤烦闷他却没有。因为**照生命之理而生活，只是有感触便起一个意思，并未于此外加一点意思**。仁者如此，小孩也如此，因此小孩的心近于原来的心。我们之所以**有忧闷，也就是于此多了一点意思**。前人最喜说孔子乐的意思的王心斋，他有四句话，说"**人心本无事，有事心不乐，有事行无事，多事亦不错**"。就是说，人原来只此生命之理流行，若是多了一点意思的人，通统不流畅。而所谓仁者，则虽有事亦行所无事，都是所谓随遇而应，过而不留，安和自在，泰然无事，他**感触变化只随此生命自然之理**，所以他时时是调和，是畅达快乐。王心斋说"乐者，心之本体也"，诚信。

佛家是根本取消问题。生命是欲求，他就根本不要。而孔家对此的态度，只是不成问题，听他感触应付下去，不加一点意思。所以说孔子生活是乐也。"不仁者不可以久处约，不可以长处乐"，就反面来说，则仁即可以久处约，又可以长处乐也。所谓乐者有三种：

一、与苦对待之乐

二、系于环境者相对之乐

三、不系于环境的绝对之乐

此种绝对之乐就是孔子之乐，是原来之乐，小孩有之；成人中普通所谓憨子（实则天真也）者有之。我初认识孔子就是在他简直没有所谓苦、所谓烦恼。一点苦恼，在他完全不留踪迹。所以他于苦乐问题完全是第三派也。不是取消，也不是去解决，只是**顺生活的路上走，去着重生活的本身，不着眼环境的关系，就是完全不成问题**。我因解决苦乐的问题，所以喜欢说有三条路，有此三种方式，再多一点也没有，此外实在没有别的方式。原来这种方式放得很宽，不过看去则孔子是那几条路中恰好的一条路线，作到家的就是他。

孔子与佛家本来是站在恰相反的一条路，但是彼此却都是**圆满解决**。能圆满解决者，此只两人，实在爽快极了。**你要是当真走孔家的那条路，真是什么事也没有**。孔子顺此以往，真是生机畅达洋溢；而佛家则逆着以去，根本取消生活，所以他俩是恰相反，盖**一是顺生，一是无生**。此外有许多派，都或多或少带有戕贼逆违伤害这个生命之处，因未就生命本身去留意，故结果如此。西洋改造局面的一条路，一直下去，到了穷尽的地方，必转到第二条路上来。现在所谓改造社会，也算是这条路走到尽头的地方，到彼时他们才回到生活本身上来，回头往里面看。如果没有走完，决不会到第二条路上来。

我们看许多哲学家及伦理学家，一个最难解决的问题，就是是非与利害不相符，善恶与祸福不相符。他们勉强持两个说法：一是不管利害祸福，只管是非善恶，把他划开；二是叫你只管去作，终有好处。康德在《纯粹理性批判》中，把形而上学、宗教等一切都推倒，然而谈到这个问题，他又把上帝请出来。但是在孔家则能圆满解决。**是非善恶只是听凭直觉，依此去作都是乐，反之则是苦。**走这一条路便是乐，便是对；若走找的一条路则**通是苦，通是不对**，则是非利害、善恶祸福完全相符，故孔子对此问题为能圆满解决者。其余不是强分便是强合。其所以致此者，都为看在外面，**把是非善恶看作外面的条件，把利害祸福看作外面的境遇**（我们看向前的人，总是站在祸害一面，而听天机以动的人，总是站在福利一面）。故在孔家则以是否听凭天机流行去作为鹄，则所谓是非善恶利害祸福者，诚能真正契合也。由《论语》上许多说及乐的地方可以看出。但其中有一条"君子坦荡荡，小人长戚戚"，把忧乐的关系与伦理的关系打成一片。

君子本是**安和自在**，种种**不成问题**，当然**时时是乐，故君子与乐完全不离**。小人因有许多私欲，故不能安乐。**所谓私欲者**不只是饮食男女之欲，**凡是多加一点意思都是**。因为人本来时刻只有现前当下，任他自然流行，所谓一任天理是也。凡念念起伏，前前后后都拉了来，于此加了些意思都是私欲，所谓人欲者是也，故理本自然，而欲乃人为也，果是天理流行，当然是乐。因为有了念念起伏，加以强求，此刻都是一个缺短，焉得不苦？！

以是之，乐与不乐可以作为伦理学上的标准。君子小人两个名词在古时或有特别的意思，或有社会阶级的区别，或有伦理学上的区别，但只就字面上看，也就足以形容这两种人。**小人去找，所以把宇宙海阔天空大的态度失掉；而仁者不找，所以他的心是通天通地，宇宙是属于他的**。故以大小二字形容真是恰切。孔子讲乐的意思是如此。讲大同小康的如果讲得好也许没有毛病，然如康南海所谓，他把苦乐看作外面的条件，真是鄙陋，那种路子真是不合孔子的路子。

仁

　　我们在上面说过，**孔子最重要的观念是仁，最昭著的态度是乐**。那么我们先看仁是什么，乐是什么，再来看旁的态度。时人讲孔子思想的，如蔡孑民先生之《中国伦理学史》，胡适之先生之《中国哲学史大纲》，梁任公之《先秦政治思想史》，都讲到孔子。而谢无量先生也有一本书题名《孔子》的，专讲孔子的哲学。他们都讲到仁。由我们翻阅的结果，仿佛梁任公的解释是有所本的，他是从阮元《揅经室集》中《论仁篇》来的；通篇释仁都用郑康成的话。

　　康成在《中庸》注里释仁是相人，梁任公也根据此来讲。他新近在清华学校讲演中，说讲学最好是仿"论仁篇"的方法。他讲到仁与相人的意思也相同。他们讲仁的意思，大概可分两个说法：

甲　阮、梁的说法。

阮元在《论仁篇》说，仁者人也。在春秋时，所谓之仁也者，以此一人与彼一人相人偶而尽其礼义忠恕等事之谓也。相人偶谓人之偶之也。仁须有事始表现，始谓之仁。如人在屋内独坐，不得谓之为仁，盖必有两人始能表现出来，所以他批评宋明人之静坐不算仁。梁任公的说法也如此，他在儒家思想一段中说，仁者先知人之谓何，人何以名，吾侪因知有我，故比知有人。仁者通彼我后谓人也。故仁从二从人。郑玄曰："人相偶谓仁。"若人不与人相偶则仁不成。若世界上只一人，则人格实无所表现，须有二人以上接触而始有，此意诸多误会，非经批评后不能提出我们的意思也。

在阮元的《论仁篇》里，由相偶的意思找出关于仁的三个重要态度：

一、一人不成仁。

二、非行为表示不成仁。

三、仁不就是心。

他说人必须"为"方是仁。孔子未尝离视听言动来言仁。孔子赞颜子"其心三月不违仁"。可见仁与心不是一物，此与宋明人之有认仁即是心的说法相反，彼意恰与我们不同。

乙　蔡、胡的说法。

蔡先生说仁就是统摄诸德完成人格之名。彼以讲仁有许多说法，所以他说仁是统摄诸德者。胡（适）先生大概也是根据这种意思，他引《论语》"子路问成人"，孔子答道：

> 若臧武仲之知，公绰之不欲，卞庄子之勇，冉求之艺，文之以礼乐，亦可以为成人矣。

他说成人即是尽人道，即是完成人格即是仁。照蔡、胡两先生之意，仿佛仁是一个理想的空空荡荡的好名词。我亦不能说统摄诸德完成人格不是仁，我亦无可非议，然他的价值也只可对无可非议而止；并不能使我们心里明白，因为他们根本不明白孔家的道理。他们若明白时，就知仁**是跃然可见确乎可指的**了。

以上两个说法，归结起来，都是说**仁是一个后天的条件**，我们的意思恰与之相反。即说仁也，不定要礼、乐、智、勇这些东西，也不定要二人相偶。现在我们有一个假设的解释，很为平常。实在说，我们的意思与平常人的意思都不相远。我们要知道，凡有一派的学问出来，都有许多概念；他们所以成功的都是在把旧的名词变成他的新观念；他把那个名词放在他的全盘东西里面，便能成功他的东西。我们解释仁也没有字义上的根据，所谓**仁就是慈爱之义**。我们用这个意思来作个极浅的开端，以引出我们的理论。此字似与英文 Tenderness 的意思相当。仁字最好是含有这个**柔嫩的意思**。普通人看见仁字的时候，也时常觉得有这个意思。我们看《论语》论仁的地方便不难见出。有子说：

> 孝弟也者，其为仁之本与！

孝弟何以为仁之本，**凡盖仁之爱亲、敬兄，与夫父母之爱子，都怀着一种柔嫩而真挚之情**。孔子又说：

> 君子笃于亲，则民兴于仁；故旧不遗，则民不偷。

这都是**情厚**的表现。他又说：

> 巧言令色，鲜矣仁。

他对于这种人似乎很讨厌的样子。他以为里面之情要是充实真挚，实无闲话可说，此可知**仁是一种很真挚、敦厚、充实的样子**，如谓聪明有智慧样子的人，似乎可说为滑头。而那种刚毅木讷的人，见面即觉脸红，其心则很充满平实。其次：

> 仲弓问仁。子曰："出门如见大宾，使民如承大祭。"

也不外是说那心情拿出来很恭敬的样子。

> 樊迟问仁。子曰："居处恭，执事敬，与人忠。"

都是表示里面藏着很慎重、很丰富、很实在的样子。上面已经提出很平常很普通的解释。现在再找一个很显明的话来收束一下：

> 宰我问："三年之丧，期已久矣……"子曰："食夫稻，衣夫锦，于女安乎？"曰："安。""女安则为之！夫君子之居丧，食旨不甘，闻乐不乐，居处不安，故不为也。今女安，则为之。"宰我出。子曰："予之不仁也！子生三年，然后免于父母之怀。

夫三年之丧，天下之通丧也，予也有三年之爱于其
父母乎？"

由此段话看来，结果带出一个仁的问题，仿佛说感情很冷硬
的样子就是不仁，他心里觉得安，就叫他不仁，他心里觉得
不安就叫他仁。可见**仁是一种柔嫩笃厚之情**。于此证知孔子
所说的仁，与我们解释仁的很普通很平常的意思没有差别。
由此看去，所谓仁这个东西——情这个东西，不是**我们所
固有的生命发出来**的吗？！怎样可以说是后天的条件！则是
阮、梁、蔡、胡各家的说法恰与我们不同了。一般人都知道
小孩子比成人天真烂漫，感情真实一点，柔和一点；人年岁
愈大愈机巧，愈滑头，情感愈薄；并知道乡间人比城里人老
实些、忠厚些。可见人原来是那个样子，后来就成这个样
子。而儒家最高的理想那个东西，也不过是人原来的那个东
西，与小孩子、乡里人相近的那个东西。然则儒家的东西岂
不很简易吗，但是我们现在有两个疑问：

（一）既说孔子的东西是很简易的，然据孔子的话来
看，仿佛又是高不可攀的，如孟武伯问子路、冉求、公西
赤仁乎，孔子皆不许以仁。孔子自己也说："君子道者三，
我无能也。"怎么仁为很简易的东西乃有如斯之难，岂孔子
之弟子中竟无一情厚者乎，孔子自己亦非情厚的人吗？！

（二）我们已在前面说过，乐是孔子最昭著的态度，乐不是与忧相反的么？但情厚的人，则时常关心他人，时常有忧在心，岂不是情厚的人多忧，而麻木的人则常乐么？然则仁是情厚的说法，怎能与我们所说十三条打成一片？所以人谁都会想出一些道理出来，却是极难的，是要在他的道理中没有疑问。有了疑问，他能解答便站得住，解答不出，就站不住。既有了上面的两层疑问，我们将怎样呢，自然要想法子解答他了：

第一，我们**要申明的是，仁是原来人有的心**，这面则心里是**很难过**的样子，那面则心是**很冷硬**的样子。

第二，我们**要申明的是，孔子的生活即是人原来的生活，仁的心就是人原来的心。孔子最高的理想，最高的道德，就是本来的事实，他主张当然就是人原来的本然。**

我往下面即解释仁是人原来的心，是怎样一个心；人原来的生活，是怎样一个生活；所谓本然或本来的事实是如何？须要去把人心解剖来看。现在讲本然，分两层来说：一是**人心**；二是**人的生活**。

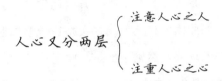

人心又分两层 ⎰ 注意人心之人
          ⎱ 注重人心之心

● 人心与禽兽心之不同

　　我们说到人心与旁的心之不同，必须说儒家的一个道理，此与孔子的东西有根本的关系。我们时常把人看得非常之高贵，孔子说天地之性人为贵；孟子时常骂人为禽兽，这里面究竟含有意思没有，这在我们看来，实在很有意思，与他的全盘东西有关系。近来我们都说人为生物之一，由生物研究的结果，不但人与禽兽身体方面有些相似，而且心理方面也有些相似。研究动物心理学，也能更好地帮助我们去研究人的心理学，由比较的结果，在近世遂能提醒我们研究的心理不只就人的有意识方面去研究，便算完了，并证知动物是一种本能的生活、无意识地生活。

　　人的生活不但是有意识在里面作主张，实在还有无意识在其中作主宰。克鲁泡特金的《互助论》里面，搜集许多事实来证明，动物都具有社会的本能，又由亲子的关系看出他们情厚的样子。又在无政府道德观中说，道德是以社会本能来作根据，亲子之爱与看护其子，皆为繁殖其种，俾免天演淘汰，因之而保留那种本能。不能免天演淘汰，便不保留。以是推知人之道德与其他动物之社会本能，其意义相同，如此则人与其他动物实站在一根线上。然则孔孟之说不是无理吗？然确不如是，此实孔子生活中的一个大问题。人与其他动物的区别，大概有以下几项：

第一，人走智慧的路，可以自由活动。

道德在动物中也会有，我们是无可否认的。不过大家有一层忽略，就是人与动物虽然心理上有些相似，他们的生活却是走在两条路上。照柏格森的话来说，一切生物有三条路：一是固定的生活，如植物是；一是本能的生活，有些动物是这条路，走到登峰造极的是蜂与蚁；一是智慧的路，这条路走到登峰造极的便是人。这种看法，容易使人误会，以为他们是走一条路的三阶段。而柏氏的意思是说三个方向，由各自的方向走，并不能走到另一个方向去，因此三方向便没划然的鸿沟，植物与动物，其他动物与人，都无划然的界限，昭著的区别，却是我们可以说根本不同。盖其他动物与人的区别，一为先天预先的规定，仅恃本能以应付一切；一则非先天的规定，而可自由活动。其他动物亦间有心意智慧可见，而其应付则多与外物打成一片，而人则本理智以应用符号，能含藏许多观念在心理，此人与禽兽之区别一也。

第二，人能利用言语文字与记忆。

言语文字者，为人对于外面去构划而成功者，并利用记忆含藏此种概念。虽其他动物多少也有记忆，然而人之成功知识学问技能，都建筑于理智与记忆上，此通非其他动物所能也。就是其他动物之生活，是先天预备好了的，而人则从后天帮助去生活的。

第三，人能用工具。

柏氏说人能用工具，其他动物之工具，则先天已具备在身上。一在身外，一在身内，如虎之有利爪，牛之有角，蜂之有毒，生来即有自卫之具，人则无是也。又其他动物之幼儿期短，而人幼儿期长。其他动物是走先天预备停当之路，故不久即能作成年动物之事，足以自卫自谋生活；人则非后天照顾不能以生存，故须幼儿期长以预备生活；此期愈长，则所学愈多，故须有待于后天学习，来照顾，**一则为先天所规定，一则须后天来照拂，因之前者为本能的生活，后者则为智慧的生活，人与禽兽的区别在此。**

人从本能的生活解脱而开展智慧的生活了，于是本能生活退化，所以他仿佛是未着色而为素白的一样，因此**可以自由活动**，其他动物则简直无自由活动之余地。老虎之吃人，不能说他为残忍，而兔子之不食肉，不能说他是慈善，盖彼局限于本能，无回旋余地，不可以善恶绳也。而人之生活，则似乎极活泼，极自由，其心情不受求生本能所支配，而能自由选择走他的路。既可以自由选择，则对生活便负有责任。

人之杀生见而恻然，则食植物以养生。夫杀生食肉固未有人禁止也，彼乃如此，则以彼固走自由选择之路。且老虎之食人，兔子之不食肉，既为本能生活，固未负有责任，实在无所用其嘉赏或菲薄，无所谓好与不好。

照我们的说法，**只人有道德可言，禽兽实无道德可讲**。

人有自由活动的余地，**故人心极灵活，谓之仁**。而所谓麻木者，则此灵活之心不显，以是谓之不仁。夫人之能超脱求生活之本能，盖以能感觉，则是仁者，只人有，而禽兽则无，以其受规定不自由而麻木也。柏氏说其他的动物在创造的进化中，有时也可以冲出他的旧机括，此时也是自由的，但不久仍还原态，如门一开，不久即闭。人则如门是常开的。柏氏又设譬以说明人与其他动物之不同，说其他动物往前创进，仿佛又由大船入小船而堕入海中，永远不能出，而人则安然进入小船中。

以上是说人心与禽兽心之不同，于此亦可见人为万物之灵的意思，他的意思也许不在此。但就我们的说法，则灵活的意思确有两种：

（1）本能——直觉——的灵活，也没有着色彩，没有受规定，非常自由。

（2）理智之回省。他能离了当下构成一个东西——概念。前者为先天的，后者为后天的。**孔子以仁——先天的作根本，而以理智的回省——后天的作工夫。**

人心与禽兽心不同既如上述，则仁只是人才有。本着这个说法去发挥孔子的思想，孔子的态度里实有种种意思可以从此指出，不单是从**锐敏感觉**一点，可以指出人心是仁，还可以从其他的意思证实，这因为要牵连后面许多地方。现在只提一个意思来说，就是**无所为而为**，如虎见了旁的动物，它发生一种食它的情，这个情是由本能出来，与本能相当的一种情，是一种**有所为而为**的情，因为它的生命是要靠它的本能去维持，它的本能是一个对付生活应付环境的**工具**，所以它这一个情的来历是**有所为而为**。人见动物流血，则生一种不忍之情，这种情是无所为而为，不是本能，似乎不关生命，而在生命之外，他是**由有所为而为的路子上解脱而成功无所为而为，他未尝含有一个意思，已表露出对他人的情不是预备作什么的**。

● **心与非心的区别**

所谓心本来是我们生活里面的总机关；一方面是集中的，一面是往外发的。这个地方就是我们作主的地方。但是，平常所谓心，不只是真正的心在那里作主，还有别的心在那里作主，即是说不只是主宰的心，还有他的工具。我们平常问你心里怎样，你想什么，照旧心理学之说，则以为心是知、情、意所组成；而新心理学则分为无数现象或原素。要之，他们所谓心，都包括工具在里面，却不是真正主宰那一点。

实在说起来，广义的心只是知与情两面，意志是不能独立的，其分法如下：

$$心（广义的心）\begin{cases}知\begin{cases}理智\\感觉\end{cases}\\情志\end{cases}$$

我们要实指**真心所在，无论如何都要在情志里面去找**。知的方面只是一个**工具，一个手段**而已。知的两种作用，只是对付外面、了解外面的工具，怎样去摒除主观的意思，怎样到静观去了解客观的事实上而止。但是，他们终难离了主观的。虽然没法可离开主观，他们仍要走那个方向，是为我们所承认的。其所以不能离开主观，因**感觉理智本为工具**，非主宰；故知的两作用所能给我们的，只是静的客观事实，报告**静的事实如此如此而已**。对于客观事实取一个什么态度，他却不能管。因此，在我们生活中，他不能作主指示方向，此实是一个大问题，许多人还以知的方面能指示我们的生活，还把这个问题来讨论。

西洋从古至今，或从苏格拉底到杜威，差不多都看知的一面能主宰我们的生活。

苏氏说"知识即道德",其言以为你能明白便可过好的生活,与我们所说恰相反。我们说知只能了解静的事实如此如此而已,并不能给我们一个方向,知的方面实在不能生出行为好坏的问题。他以为人之不良是他的糊涂。他所谓明白,完全未分清楚。他说的明白已渗入情志方面的东西。

所谓好坏,不是客观事实,是我们爱好恶坏的关系,则是他之所谓明白好坏不是已渗入情志里面的东西么?还有一个错误,就是看我们的生活都是知理的、明晰地和有**意识**的,而不知真正作行为的主宰却非是有意识。杜威说"实验的方法,能指导我们的生活,使我们常常能明了去作有意识的生活",都是陷入此种谬误。罗素的哲学,一面为数理的宇宙,一面为认识的哲学,他唯一的意思恰是西洋现在翻案的文章;《社会改造原理》第一章开首便说:欧洲大战以后,令许多人获得无数见解,我所获得的就是见出人类行为之源泉有两面:一是**欲望**,一是**冲动**。**一切学问事业都建筑在欲望上面,而真正根本点则又非在明瞭而有意识的欲望上,而在于本能地冲动**。于此可见知只是工具,非心之主宰。而主宰则须在情志方面找,这个问题为从来所纠缠不清之问题。

(1)西洋自苏格拉底以至杜威都以知为能指导我们

的生活。

（2）程朱、陆王之争，朱之道问学，几乎把知看作生活之主宰；陆子之见赐朱子诗中，差不多是说情志才是我们生活之主宰。

（3）科学与人生观之争，都是讨论这个问题。人生观当然是把人生态度来作主脑，科学则只是告诉我们如此如此，怎能指示我们一个方向。

上次批评他们有两条，现在再来补充两条：

第一条，说苏格拉底之所谓知已渗入情志方面的东西，即使科学能知所谓利害善恶，其告诉我们也不过**"如果如此就怎样，若果如彼就不怎样"**。这种方式看来他们还是没有一个方向给我们。况且他的意思原来也不过是假定趋利避害的，但是我们有时也高兴趋害避利，岂不是又相矛盾吗？所以他们装入方式里面，其态度仍是待定的。

第二条，他们的错误是假定人的生活都是有意识在主宰，所以他们以知为能指导生活，如杜威在实验方法中说，能使人的行为常在有意识，受知识的指导中，使人的幸福有保障。姑无论他的见解是否说人生的源泉在知的方面，他总是要向那一个方向去，而不知真正作生活的主宰，是无意识，**不自觉乃是根本的**，由罗素的话亦可证知。

本来说生活的主宰不是知，其由来已远，亚里士多德说；行为是出乎意愿（主张），知识是没有力量的。彼虽有此倾向，但仍是主张看明白后才去行，亦不外乎知也。总之，他们通统是要把生活的主动力放在知的一面，而结果则放不进去，仅放在某一种的情志上面去了。某一种情志或状态是什么？即是计较利害的情志。原来知、情也有互相消长的状况，**情伴知起，知同情生**，是无所不免的。他们把生活放入与知伴起的某种情当中。这种情，我们可以叫他为欲望。

罗素所谓许多科学建筑在欲望上。用无意识的冲动来作为人类生活之唯一源泉没有错的，却是他们放在欲望上，实在反乎**生活之本心**，那真糟了。我们的喜怒哀乐，确是我们的生活，又何尝是有意识有欲求的？所以他们的结果，只是把生活搅乱而已。

前面我说小孩子与乡里人比较天真、诚笃，成年人与城中人比较奸巧、圆滑。成年人与城中人都是用知识去指导他们的生活，而其结果则生活被其搅乱。故情感愈薄，行为愈坏。论知识不如不知，苏格拉底说是道德反足以增长不道德。现在我们要说在情志方面，可以作生活之主宰的是什么？近代心理学都以为行为的源泉是在本能冲动，此仍不做生活的主宰。许多人以为理智是工具，本能是主宰。照我们的意思，本能也是工具。

本能是本来的能力技巧，我们靠此去维持生活，实在是已经把他看作工具了。工具决不能作主宰。主使工具的才能**作主宰**。不单是克鲁泡特金所说食色本能以至**争斗**本能是工具，即社会本能如互助、博爱等也只是工具，如吾人之见老幼残疾者而起哀怜矜惜之情，表面似乎是无所为而为，其实他是本着维持群体的生活而为之也。

本能冲动虽是行为生活的源泉，然亦非心。自然，人受本能支配的时候，很多虽是重要行为，然亦不过工具而已，说到此处，我们要申明两层：

一、许多哲学家都用亲的本能或性的本能广泛的去推说一切行为皆出于此，他们实未看清。

二、即使行为有出于本能为我们所不能否认，但是本能毕竟是薄弱的无所能的，因为他的势力实在是很小。然则**势力大的是什么？是真的心**。

人的行为不是像他们拿几种本能去解说所能办到，确是出于其心。麦独孤也说，一切道德都是出于与柔情相当的亲的本能。照我们的意思，虽此也可叫有柔情，但我们**所谓柔情是出于真心，不是出于本能**。

人的本能地柔情发展，原是不如动物。禽兽之哺乳其子，代代皆是如此，人则有时不及它。故有溺女、堕胎之事，这种举动在动物无论如何不会作的。因为禽兽的亲的本能，在先天已经是固定好了。虽人也会与动物之对其子一样的亲爱，他却不是固定的，因而有堕胎、溺女种种事情。还有贵妇人不喜哺乳其子，此统非动物所能。残忍之事，动物见之而不动心，人见之则恻然。似为人的亲的本能有过于动物，实则本能方面并不如动物之强，但人的动心的亲的本能乃出于真心，所以极坏的事实人能作而动物不能作，盖以此矣。

真心不是本能，这话怎讲？就是说本能是工具，是手段。**人之动心不是手段，是从作工具手段的本能有所为而为者解脱出来的。**这种动心的柔情是无所为而为，所以不曰本能而曰真心，这才是真正的主宰。因为人的主宰的心，不曾被封锁在本能路上去，所以这个心能主宰此工具（本能）。

我们现在再结束两句，第一，我们不承认他们广泛的用本能来解释行为；还有一层，即或行为出于本能，而本能的势力亦微弱，因微弱的原故，所以不能作主宰，只是作一个帮助。慈母之所以为慈母，不单靠微弱的亲的本能，全仗真正的心使她成功的。真心仿佛是本能所让开的地方，而能统率本能的。

注意：真心是原来有的，这种心是一无所能，只是似乎活跃、自由而已，故可说是**本有，非本能**（先天预备停当）**所占领**，努力奋斗有时虽显现（柏氏所谓冲出机括），卒以势薄弱，终复如故。而人走后天选择之路，得战胜本能而统率之，是之谓真心。

动物之心似乎完全为本能所占据，所以我们说**真的心只有人才有。因为人走后天选择的路，使心解脱本能而显现**。现代有创非本能说者，有以行为出乎本能，而分本能为若干，卒不一致者，均未观察清楚故也。斗争本能原为从它自身解脱出来所遗留而仍占据于吾人之心者，谓为禽兽之行，实没有错。**人情是出于真心，通统是无所为而为**。克鲁泡特金把许多行为都看作有所为而为，我们是不以为然的。如人类普遍之好公平心，很容易令他们认作社会本能，因为他们以为是维持社会生命的，不知这是**自然的法则，大的生命（宇宙）里流行自然之理。这种心情是从真心发出，其实也可说是无理的**。

所谓不仁之感，好公平、恶不公平之感，都是从本心出来，我们名之曰直觉。以前说知不能给吾人以方向，当下给吾人以方向的，是直觉。如好公平，仿佛是当下觉得那是适合，这是当下的一个方向，是一个绝对的方向。**直觉这个地方就是心。直觉锐敏的时候，就是仁。仁就是从本心里面流露出来的直觉**。

所谓直觉也不过是一种知而已，然直觉究不属于普通所谓知的一方面，知可分为三种：

一、感觉之知，所知的是实体，唯识家谓之色境。

二、思维判断之知，就是推理。

如吾人离开黑而有黑之意义，见黑而判其为黑，此所知是概念，是共相（许多黑的一致点有别于其他之色，此即黑之意义），这种知是干燥的。

三、直觉之知，此为不虑而知，亦即知善恶之知。

虽然加以名称，也可说是出于思维判断之知，而根本是不虑而知之知。若有声素，未为我们所听过，而当下便觉好听不好听，当下便知其善恶，此即不虑而知之知。这种知是出于先天本来有的，所知只是一种**意味**，或说他为**情味**。我们感音乐之壮美，这种美不是一个东西，乃是一种**意味**。虽是壮美附属于音乐里，却不是那个东西，只是壮美的**意味**。其他如见图画、雕刻、文艺等而赞美之，这都不是**概念**，乃是一种**意味**。

所谓知不外上述三种。我们所谓意味，是当下就给我们**一个方向**；所谓如恶恶臭，如好好色，这个好是在好上，这个恶是在恶上。见花我们即觉想去亲近它，见粪则避之唯恐不及，都是当下一个**方向**，是**绝对的。所谓绝对的，就是说不是知道客观事实后寻得一个"如果如此就怎样"待定的结果**，因为他当下没有方向，须加以考虑而待解决也。我们的生活都是听凭直觉。所谓觉得是与非，对不对，都是一个**意味**。而所谓意味者，如一人说好的道理，我们觉得是甜的，是舒服的。孟子说"口之于味，有同嗜焉……至于心，独无所同然乎"都是说直觉。

克鲁泡特金说"辨别对不对之才能，如同味觉触觉一样"，与孟子的意思相同，与我们的话亦不有异。是非判断也是直觉的一种，其他种种直觉皆当下给我们一个方向。我觉得如此，你也觉得如此，他觉得仍如此，此孟子所谓人心"所同然"是也。**直觉所指示方向之理，就是主观的情理而非客观的事理**。

天地间不外两种理。月晕而风，础润而雨，这是**客观之事理，为科学家所讲的**；如对不对的道理，人心所同然，这是**主观的情理**。客观事实之理对不对，是待证明，而主观情理之对不对，是不待证明者。即使第一次之判断后，随即变更之，这不是主观对不对之变更，是客观事实之变更，即是第一次与第二次的客观事实是要待证明。

直觉所指示之方向则通同是对的，没有再对。为什么如此说？因善恶问题是相同的，到底对不对，只有问自己，不应问别的。若再三想过后之对不对之判断，不管你翻案不翻案，仍是**取决于你**，不是取决于**客观**。假使除主观所认的而外有一个再对，再对也是没有法子知道的，因为知道还是**你知道**，取决还是**你取决**。从前伦理学有所谓直觉论，而后人驳者很多。西洋伦理中有两种主义：

一、**直觉主义**；

二、**乐利主义**。

麦独孤都已驳过，他驳直觉主义的地方，我们可以说没有错。但是我们说的直觉论，与他所驳的直觉论不同。西洋直觉论说有义务的觉知，即是道德的心能。我们却不如是。我们所说的直觉是极寻常，并未说有一种心能专司道德其事者。我们只是就平常的生活穿衣吃饭等极平常的事去说：只有**生活合理不合理**，管他道德不道德！道德这个观念我很不赞成，因为往昔有许多人看他不是平常的生活，而是格外努力的一种行为，这种观念很不好。麦独孤说道德行为必须有道德的品格，经许多时间，经过社会种种压迫而生出来的，便是陷入这种谬误。现在我们再申明：

心之所以为心，不外主动我们的生活；心在何处就是**直觉**，就是当下指示我们**生活者**，即是**主观之情理**。

我们不管主观情理之对不对，而孔家之所谓一切行为都是依据在一点，即是出于直觉之所指示。本来**直觉的心即是仁**，我们加上**锐敏**二字者，以别于麻木不仁也。

由人的生活由此看来，**孔子认为当然的，就是他的本**

然。他说**仁者的生活，即是人原来的生活**，便是照原样去生活，不是改变他或矫揉造作地去生活。照人类的历史看来，人的生活实为相反的境象，就是说不走原来的路，而走反乎原来的路，此有两种：

（一）**用习惯去替代**，

（二）**用知的选择去替代**。

因此，人原来是好公平，而现在竟有不好公平的事，照第一种的走法，就让我们安于不公平。有初从美国归来者，他初坐人力车时，他心里很难过，很觉得不适合，其后心里便如常，这就是习惯代替了我们直觉的路。习惯的造成，多由于不知不觉之间，或可说也是由知的拣择**而造成**。我们感到不公平，而不去改正它，也可说是因上面两种关系。知的拣择不但拣择利害，并且时常外去找道路，他的势力很大，亦不亚于习惯的力量。照我的意思，以上两种道路，都不是原样的，只是搅乱我们的直觉，麻木我们的心，令他不仁而已。平常所谓习惯者，无论为好为坏，都反乎孔子的意思。因为**凡是习惯都反乎直觉的生活**。习惯即是铸成的**模型**，统是**麻木**。若改换了新局面，他就不能应付停当。胡适之先生的《中国哲学史大纲》里面有一条，说孔子是要让人去造成好习惯，这不但不合孔子的意思，而且根本在理上说不过去，习惯不是原样，乃是后来的。**孔子的意思，则生活要原样。**

上面已经把仁的假定的解释讲明白了。其与孔子其他的许多条项怎样说得通，以下再讲。

上面我们已经说**仁是好恶的表示，从好恶给我们的方向就是人生活原来的方向**。所以**一切德行，都是直觉所指示之方向，即是出于仁**。怎样叫做德行，靠什么去认识一切德行，都出于**直觉**。我们心里觉得怎样好，就是好。我称赞好人，厌恶坏人，都是好德行。我能认识这种好，也是听凭直觉。所以仁的解释，普通的意义虽为慈惠，其结果实在是一切德行都出于此。孔子答诸弟子问仁的话都不一样，亦正以此。不但各人不一样，而同一人问，如樊迟问仁三次，孔子答亦不同。此足证一切**德行都是出于直觉**。因各人的毛病不同，而解释也就不一定也。蔡、胡两先生说仁是统一诸德、完成人格之名，这仿佛是理想的最高的标准，真是错了，我们要申明一句就是：**仁是一切的对**。如孔子说：

> 民之于仁也，甚于水火。水火，吾见蹈而死者
> 矣，今未见蹈仁而死者也。

但《论语》有一条，仿佛是说仁也有许多缺点，如：

好仁不好学，其蔽也愚。

但是这句话，有许多人证明不是孔子说的，如：

唯仁者能好人，能恶人。

求仁而得仁，又何怨？

无求生以害人，有杀身以成仁。

与我们的解释都讲得通。这些话不是答人问仁，是偶然讲及的。

上面诸弟子问仁，孔子答语虽都不一样，但其实是有确定的意思，因仁是一切德行的根本。现在且把孔子讲仁的话分为五项：

第一项，问仁。

此项大约十条。上面已给以解释。其中有一条，孔子曰："克己复礼为仁"，则待讲礼的态度时去讲，"仁者其言也讱"，则归到"讷言敏行"的态度里去说。

第二项，亲近仁人。

弟子入则孝，出则弟，谨而信，泛爱众，而亲仁。

子贡问为仁。子曰："工欲善其事，必先利其器。居是邦也，事其大夫之贤者，友其士之仁者。"

君子以文会友，以友辅仁。

里仁为美。择不处仁，焉得知？

虽有周亲，不如仁人。

第三项，仿佛说仁极低，很容易作。

此与四、五两项很有关系，须连带讲。

仁远乎哉？我欲仁，斯仁至矣。

苟志于仁矣，无恶矣。

一日克己复礼，天下归仁焉。为仁由己，而由人乎哉？

好仁者，无以尚之；……有能一日用其力于仁矣乎？我未见力不足者。

第四项，仿佛是说仁极高，很难作。

孟武伯问："子路仁乎？"子曰："不知也。"……"求也何如？"子曰："……不知其仁也。""赤也何如？"子曰："……不知其仁也。"

> 子张问曰:"令尹子文……何如?"子曰:"忠矣。"曰:"仁矣乎?"曰:"未知。焉得仁?"
>
> 子曰:"若圣与仁,则吾岂敢?"

则是对于己,亦不敢居于仁。

第五项,不仁。

> 人而不仁,如礼何?人而不仁,如乐何?
>
> 君子而不仁者有矣夫,未有小人而仁者也。
>
> 我未见好仁者,恶不仁者。好仁者,无以尚之;恶不仁者,其为仁矣,不使不仁者加乎其身。
>
> 不仁者不可以久处约,不可以长处乐。
>
> 宰我问:"三年之丧,期已久矣。……"……宰我出。子曰:"予之不仁也!"

第六项,此有两条很可注意,因都不能加入前项,特提出之。

> 君子去仁,恶乎成名?君子无终食之间违仁,造次必于是,颠沛必于是。
>
> 回也,其心三月不违仁,其余则日月至焉而已矣。

现在把我们的意思拿来解释第三、四、五、六各项。**凡人没有不仁，即便加入后天也没有法子使他绝灭**，除非是一个死物、没有生命。我们已经说过，**仁是直觉**。凡是知痛痒就是仁，所以仁是极低极容易作。但是反过来说，实在又是不可穷尽。果真是仁，没有一个细微地方他不**感着的**。这种锐敏的直觉，果真是没有一毫麻木，一点忽略，那就是尽善尽美。所谓刚大**而不粗**，和平**而不柔**，真是一点没有不妥的**地方**，这不是极高明、极难作吗？要是有了一点缺陷，便不能为谓尽善尽美。孔子讲仁有此极高极低的说法者，因为我们讲话常有抑扬的两方面故也。

但此还是粗浅的解释。应更进一步来讲。我们适才说过，除非是死物才没有仁，有生命即有仁，进一步说——

仁就是指生命而说，指活气而说。

以前说仁是直觉，是不得已而说，其实直觉便是活气之发于外面者；因知痛痒是可见的，故指此说。盖直觉是仁的一个发用处，不从发用处看，是不可见的，所以问人是仁不仁，应指根本（里面）来说。生命是体的根本，**仁是真正的生命，是活气，而直觉不过是仁的发用处**。

因此我们看人是仁不仁，不是在他遇着事情看他直觉锐敏不锐敏，是要看他仁不仁。然而没事时之仁不仁，我们何以见得出？因根本不同，故见之于外者亦大不同也。

所以我们说锐敏不锐敏是粗的解释者，以直觉之觉不觉是就外面说，而真正可称之仁不仁者，根本是在他的心里。

见之于外的直觉麻木不麻木，其里面的**心境是根本不同的**。

仿佛仁是有他一副心境，不仁也有他一副心境。所谓麻木与不麻木者，是心遇机会而发出于外的**分别**，直觉不过是生命里面发出来的东西，而所谓仁者，实有其体。体是什么？即是**活气**，即是**心境**。仁不仁之不同，乃是活气**的不同**。仁就是很活泼很灵敏**的样子**；不仁就是很淹滞很呆板的样子。最要紧是，仁是心境很安畅很柔和很温和的样子。不仁就是不安畅很冷硬很干燥的样子。

一方面气息是有条理很平稳**很随顺**，另一方面则**杂乱无章**。和字确极重要，我们想其心境，便可知道所谓一团和气，此话说得很好。和者活之谓也，而不仁则淹滞矣。总之，仁的气息是一种朝气，是新鲜的，而反面则是暮气颓唐，是腐旧的。

以上许多形容的话，这面如此、那面如彼时许多情形，我们拿句话来通统，就是说这一面是**合适的**，里面似乎很甜美。合适者，他们的生活法恰合于**生命之理之谓**也。所有的形容词都是形容他的生活的适合。那一面是说他的生活不适合，没有味，仿佛不在生活的轨则上走，即是不合于生命之理。未走在恰好的地步，要顶恰合才顶好，才舒服，恰即是恰合生命轨则之谓。轨则是什么？**就是调和，就是中**。所谓调和与中在何处求？要在恰字上求，增减一点，偏斜一点，俱皆不对。要在恰好，要在恰中，因此生命才是顺，否则就是逆，就是戕害生命之理。

我们说过仁是锐敏的直觉。而此锐敏的直觉，因何单在恰合乎生命之理上见呢？因直觉是从生命发出来的，直觉之所以能尽其用，由于**生命合乎生命中自己顶合适的理，是在生命顶不受妨害的时候，故能合乎生命之理，而直觉始能尽其用**。所以"仁不仁"不在直觉发出来的方面去看，是要在内面心境上去看。

要使生命恰合乎自己生命之理，并不是难事。所以孔子说"仁远乎哉，我欲仁斯仁至矣"。这不是说锐敏的直觉远乎哉，照我们的意思，是说**顶合适的生活**不远，可以作到的。翻过来说，实在又是很难。我们怎样可以作到恰好？恰好者，就是要恰合乎理。稍微偏出了一丝一毫都算离了轨则，离了中，离开了恰合乎生命之理，此即所谓违仁也。

孔子说："回也，其心三月不违仁"，就是说他三月未离开或违背生命之理。其余则偶然而至，故于诸弟子，不许以仁。令尹子文、陈文子，孔子皆不称其仁，甚至自己亦说不敢当，盖以可当得所谓仁者不止三月不违仁而已，非永久在此合乎生命之理、之道路上走不可。孔子云"君子无终食之间违仁，造次必于是，颠沛必于是"，是说君子必须要在仁的心境上恰合乎生命之理上。其他讲不仁的地方，顶重要的一句，就是"不仁者不可以久处约，不可以长处乐"。所谓违仁，只是离开了仁，而所谓不仁，似乎是说太坏，要之，不仁固由于违仁也。

我们为什么离开了仁又到不仁？于此我们看所谓干燥不和乐、冷硬淹滞种种心境，是从何处来的。他是由于我们人的**心，能够有一个不走原来天然的路的一个可能**。动物无不走原来的路，人则有离此轨则之可能，即人心有乱七八糟之可能，人可不听凭原来的一条路上走，动物对于环境只是一条路，只起一念。人则有二念，他能离了当下现前之外，还有别的意思。物类对于现前当下，只有反射的动作，如飞蛾之扑火，一而再，再而三，而人则在第二次离了现前，联想到以前的经验来应付**现在**。或一时无可应付，则稍为搁置。所以人是**走理智的路，是先学习的路**，人去扑火，便引起被烧而痛之感觉以抑制现前的动作；物类则太当下，太现前，但走一条路倒是纯任天机的。

而人之联想过去来应付当下，便是参加人力了。人类既有时常参加人力的可能，所以便是出于勉强而非自然，反不似物类之一任天机之自然。这个勉强的地方就是全靠此念之外另起他念，仿佛是有意地引出此念，统率自己去生活，虽有此参加人力之可能，却是问题便从此而生，以至离了生活之轨则。我们见一个可怜的人，便想帮助他，但因为己之念一发，搁置下来，结果遂使我们的直觉麻木到了不仁。这个例还不是不仁顶要紧的地方，我们离了当下联想到旁的，还未离脱当下的关系，而根本上使我们麻木，乃不在此，而在**完全离了当下，在现在当下之外**，所谓念念憧憧之来往也。薛文清云："万起万灭之私，乱吾心久矣。"念念之私既万起万灭，则现前当下可以不露于他的**眼中**，是则与联想之**念不同**，以联想不过仁心牵制、不能自由活动，若到私念万起万灭，则仁心简直不能**发动**矣，根本上简直完全看不见**当下**，真正不仁即在此。盖联想时还有所觉，而此则完全断灭。

此所谓万起万灭之念，我们也可说是一物。凡一观念，都含有一个东西，所以说为一物。其所以**离了现前，都是因为心着在一物上**。故心对付现前，是自然的，即使离了现前联想前后，也**是自然的**。但是完全不与当下生关系，而心着在一物上，**是不自然的**了，所谓逐物驰外，种种都是对此说。万起万灭，也许有为天下、有为国家的，但都是为私，因不是出于自然，而为有意着在一物上。

凡有所着都是私，凡自然都是在当下现前。离了现前，则是人有意为之，故谓之私也。我们归结一块，拿一个字去形容这个神情，就是找。找者离了现前，心到别处去了之谓也：**种种念起，无不出于找。离了现前向外去找，根本让我们直觉麻木的是这个找**。

　　无论是什么找，都是私，都不对。天地间有两种找，一是**找道理**，二是**找快乐**。找道理的人实在太多，有许多人都是靠外面道理去生活，所以社会信条站不住的时候，往往一般人就失了依据，便要去找。

　　其实**理是在里面**，你不找道理，听凭直觉的好恶生活，自会**恰好的**。因为一找，反乱了**生活之理**。你找的时候，直觉的好恶便立刻失掉，**心稍微一找，里面的趣味——生活的乐趣立刻就没有**。原来人对于事之对不对，自然会知道，但**你一找道理，则直觉是非之心便失掉**。因为不靠本来、里面的态度的，虽然此种找还比较好。若找乐趣，则直觉简直不发动，而成麻木不仁，根本把心弄断，把生命弄断。盖心在此，则还有心，而心着于物，则不在此，简直没心矣。

　　由上所说，**我们生活之乱是由于心跟念跑**，原来心是自然的，现在便成了勉强的，到后来这种勉强的反成为自然的了。因为我们的**心原来没有杂念才是自然，有杂念就**

是勉强。现在有杂念反成了自然，而没杂念竟成了勉强，仿佛要想法去恢复**安和泰然**反成了难能之事。凡是不仁者，没有不是**念念憧憧往来**，没有不是难恢复到安和泰然的样子。原来的清明之气，却因杂念起伏而失去。所以我们以两句话来归束，凡是从外面看去，麻木不仁，许多是非不容易觉得，成了痹麻的人，都是由于里面乱的原故。里面所以乱，**全由于找的原故**。所以从内容与结果来说，一面是**自在就是仁**，一面是**找就是不仁**。

我们当真要去讲明不仁，搅乱我们生活的理的原故，本应分三层去讲，一层是**气质**，一层是**习惯**，一层是**找**。但前两种都有许多道理，所以暂且不讲，并且都是已成的东西。都是缘而找，则是当下的不仁最大的来源。我们**若想把气质、习惯消化融释使不为害，非从当下找的态度去想法子下手不可**。其所以之故，此暂不提，而找为我们不仁的根本原故。所以讲到不仁，提出来说。

以上所举各条都可用此假设的解释去讲明，而其有一条如"不仁者不可以久处约，不可以长处乐"。非用此找的态度不能解释所谓约与乐，都是指境遇而言，约者贫之谓也，如颜子之居陋巷是也。乐者富之谓也，境遇顺适。却是不仁者无论是富是贫，他都不能处。他才到苦境还能勉强当受，但安之则不能；才到富境，他亦可安处，但一久则又想别的；觉无此味，便不耐住。**其所以贫富都耐不住，根本上是由于找。**不向外找的人，不但处富地泰然自适，即处贫亦安然自在。因他里面是**安适柔和**，境遇固不足以**挠其志**也。

上面已把关于仁之难易、违仁、不仁，都讲过了，"仁者不忧"在"乐"的态度里讲过了，所以关于仁的方面现在算是讲完了。

讷言敏行

以上我们已经把孔子乐的态度讲完。现在来讲"讷言敏行"。"讷言敏行"，人人都知道我们应如此，而孔子则谆谆言之。"多言"究竟是怎样一个不好，我们本可以用几层意思去讲，但归根则孔子的意思是**恐人陷于不仁**。所谓不仁者，**就是对于许多事不觉得不安，**此种状况成为习惯，就陷于不仁。仁者羞于说好听的话，谩骂的话。不但说出来他便觉不安，而听此种话亦觉**不安，很轻于说。说出来的人，直是心死的人**；说出来，他并不觉得不安，实在是直觉麻痹，其心已死了。

说到此，我想起一事，如近来之电报，每每一篇好的话，说得仁至义尽。吴景濂在今天的报上说到以身殉法，以身殉国家，要是直觉锐敏的人对这种话，他脸上真是要发烧，那还有这篇文章出来！不但是他已说要心愧，而旁人说他如此还要羞死咧。真是心死的人才能说这种话。真是要行的人，那里有许多话说，有许多话的人，他何曾行？！所谓"仁者其言也切"，良以为之难，故不随便出诸口也。此孔子所以不厌的说**"讷言敏行"，乃是恐陷于不仁**的一个意思；还有一个意思就是：恐人行并未到，而只口说好的生活，把好的生活放在观念上面，而实际则不如此，真能使人得一个最大的毛病。因自己行为并未到，而心想一个好的生活，定会成功**一个找**，一个等待，使生活打成两段，失掉自然的**生命之理**。

又我们说话容易说得高，说得远，便容易离开这里，离开当下。原来**孔子的意思要人看自己，看当下**。因为我们看高远时，看好生活时，看好行为时，而自己行为却未到，自然易起一个找的态度与等待的态度，所以孔子说，"古者言之不出，耻躬之不逮也"，又说"君子耻其言而过其行"，因为行为不逮而说出时，心里便觉羞耻，所谓知耻便是仁。若竟说而不耻，就容易使知耻的仁泯没。

以上几层意思都是相连的。孔子还有一句话说**"力行近乎仁"**，如何不说近勇而说近仁，就是说**尽其在我，时时是当下**。行是当下，力行就是守着当下。心到别处就是失了仁，故曰"力行近乎仁"也。

此外，还有一层，可以说是**言思是一个用符号**这一回事情，是从情感解放了而放在静观里面去，似乎是带一点

冷静性，是一个**知的态度**。禽兽无冷静之知，所以未把知行打成两截。而人因为有语言思维的原因，往往把主观的情理装在言思里面去（实则客观的事实只作主观的情理之工具）。若说人诚实，实在要他主观的情理非常之厚，但是把他装入言思里面，便让他情薄，令直觉钝疲模糊。人知道诚实好，但心里却不诚实，这都是装入言思里面的弊端。本来行为是靠直觉，你若把诚实看作客观的理，则往往不能发动行为。

孔子或恐人把行放在言语中而说及此，亦未可知。我记得谢无量讲王阳明之知行合一说，他说学者须要留心，如果知恶行恶，那就糟了，此误以知为冷静之知。其实阳明之所谓知善即是好善，知恶即是恶恶，此是直觉之知，而非冷静之知，他若果如此，决不会有此误错，此态度亦与仁相关联的。

看自己

其次讲只看自己，只看当下，及反宗教的意思，三条概括起来就是**看这里**的一个意思，就是不让人向外看，**向外找**。前面说过：向外找是**与仁相反的**。**人心要是向自然流行，便时时是当下，决不离开此地**。离开此地便是找，都是引出来的，万起万灭之私亦是引来者也。心里无事，便是当下。人心本不着在一物上。

小孩之一片天机，他时时是现在，时时未跑开，他的心完全未想旁的事。而成人则不然，他的心容易离开腔子。孔子的意思就是告诉人不要找，不要多加一点。只看当下，便是纯任天机。**任天机即是生命之理流行**。万起万灭则乱了生命之理。人一向外，心已出轨，出乎生命之理；但还未乱，到万起万灭之私则乱矣。万起万灭时，生命即不通畅，都使生命滞塞。所谓乱与滞的结果，都使直觉昏而不明。**本来是生命活泼条畅，直觉始能尽其用**。生命既不通畅，则直觉自然不能尽其用也。尤其根本的则莫如心不在这里，所谓"心不在焉，视而不见，听而不闻，食而不知其味"是也。此时是非好坏，他根本看不见，直觉简直不觉，此则不仁莫甚矣。

上面总说三条。现在单就看自己一条来说。孔子说"古之学者为己，今之学者为人"，又说"君子求诸己，小人求诸人"。这个己是指什么说？为己为何不流于自私？为何看自己就对，看旁人就不对？

此处所谓己，非我们寻常所说心里的**我之观念**。平常的我之观念，是把一片东西（浑然一体）去区划分别与计度而起的。婴孩本无"我"之观念，都由后来加以分别而起。孔子之所谓己，是说我们当下的**心意**，当下的**情**，当下直觉之**所觉**。我们在为己的行事，是为当下心情之兴奋而活动，即行其**心情之所安**是也。怜悯的心情发现即是己，帮助他就是为己，此即生理之所在，完全未加分别。所谓为己而不流于自私者以此。如我为经过分别而起者，则为我便是**自私**矣。"古之学者为己"若说为我有学问而学，结果都有毛病，都是自私。其实为己者，完全是一个**兴趣**，或是为我当下的一个好奇心而学，此则无病也。为己与为人的区别也就是一个**不自私与自私的区别**。为己者就是**我己忘形**，如我怜悯人而帮他，行了便完了。为人则行了还未完，因为为人则所行是手段，而目的则在**他处**，为己则怜悯与帮助，其手段目的合而为一也。此显然是一个功利与非功利的态度之区别。此因为要牵连下面，兹姑不提。

孔子所谓为己求己者，只为尽其在我者是也。于是可见实一**无所为而为的态度**。普通对于无所为有两种意思，一种是误会的意思，以为无所为仿佛是干燥冷静的意思，如康德所讲的无所为便是。他说道德完全是出于无为。所谓无所为，他的心里状况简直一点都没有，故怜惜他人而帮助之，他都说是非道德的。一种既儒家无所为，此意即**除我心安而外，别无所为**，此不但非干燥的态度，且为最富于情趣的。为情趣而为，便是为己。我们往往听人劝友人而说"完全是为你，是与我不相干"。此实错误，且非事实。若他心里不高兴去劝人，他绝不发动此事，本是他心里觉得义不容辞，要劝他方心安，此非为己而何？若说是为友好，那真错了，此则失了原来为心情的那个态度。说与己不相干这话非常之不好。既然**己就是心情**，何所谓人，何所谓己？可见这个**己实无对待**的。本来宇宙也只有生命，只有生活，实没有两个相对待的**东西**。只有**心情，主观客观都缘后来区别而有**。此为现今认识论上不可掩的事实，而为大家所共认者。看来只有我的生命，实则所谓人、己都一概包括在内。儒家的态度便是如此，只有当下的**生活**，并不看旁人，看一点。本来旁面这个东西根本已没有。

所有这个**宇宙只有关系的存在**，并没有实在的东西。如吃饭这一段生活是有，而我与饭这两个东西并没有。认识论已经承认，宇宙只有事情的**相续**，是自己的生活表现，并没有**实体**。我想象的自己，完全是**虚妄**，因他是就一串事去**区划分别计度**而构成，此我之**观念**，事实上只还是浑然一体，不容我们去划分计度而有所构成。事实既不如此，所以我的观念完全是虚幻也。此在讲孔子毋我的态度时，再详细说明。

上面所说**为己即为当下之心情，求己即求其在我**，一言以蔽之，乃是顺其当下所感的去做，**无所谓为我，也无所谓为他**，此是绝对的，所谓**整个的生命是也**。所有利我利他、为我为人的许多话，都是后来而起的。原来宇宙只是一串事实，纯是浑然一体。我们在感觉中（在严格的解释），在直觉中，完全是一种景象，但是在理智即便划成两段。在《唯识述义》中讲明由浑然一体而成为两段的原因颇详，可参阅也。大意我们的感觉有几种意思，一是**不住**，一是**非一**，一是**非外**，直是浑然**一体**，未可了知。直觉中也是如此，只有在作外想时，遂把浑然的宇宙打成**两段**。虽然在事实上不是截然两段，但恒执不住以为住，执非一以为一，执非外以为外，几乎误以此为事实，而影响我们的生活，殊不知**实际上终究只有当下的心情，整个的生命**。

我们现在连带说一个问题，就是普通都把公私的分别，看为范围大小的**问题**，其实只是态度的不同，方法的不同，即路子的不同。**若果顺乎天然的心情，其举动即便在个人身体上也是公**，如体痒我即搔之是。若非顺着自然的心情去作，无论是为国家是为社会是为世界，一切都是私。虽形式上是为人，但总是**装入一个为我的态度里面**，乃将为我的形势放大而已，实不得为公。佛家所为**不离我所**，究不能说**为为人**也。人见孩提之童将入于井，即匍匐往救，此时种种意思都没有，他只是顺他直觉所示之方向去做而已，此乃所谓公也。所以说**公私是根本态度的不同**。

梁任公说，人的同类意识愈扩大，同情心愈甚。此意很有错误。我们本来无须同情心。人，你要，大都是私。我们见孩提之童将入井，那一刹那之心，未必存甚么与我同类之意么！要是他一计较，而此盎然的心情**已打断**矣。**故凡由计较而来之行为都是私**。

于此可见墨子之"兼爱"，杨子之"为我"，都不是人类原来自然生命流行的路子（**凡标如何主义者，都非是**）。而儒家则根本上不认理智的计较也，儒家诚然也不是墨子之利他主义，也不如杨子之利己主义，但却又不是**调和主义**，大家知道儒家的根本所在便明悉也。

讲到此，又是一个人与禽兽区别的问题，禽兽似乎完全是浑一无分别的，然它虽是浑然，它却根本打断，而人虽有分别起来，他却未**打断**，因凡在**本能生活中，都是一个打断**。禽兽则完全走本能的路故也。人的生活，有时理智出来为之**打断**，但却未完全打断，此人与禽兽之区别也，其实儒家处处都可见人与禽兽之区别也。

看当下

看自己一条已讲完，现在来讲看当下一条。本来有许多处所，已于前面连带讲了，此再稍为说一点。**所谓当下即心，看当下就是心在心那一个地方。**

平常人的心差不多离开了心。心是生活之主脑，心与生活当然不能分，**分开便不对。平常人的心，似乎太滑易溜**，很少生活在那里，心就是在那里的时候。孔子有两句话，可以引来解释这个态度。他答人问仁说，"出门如见大宾，使民如承大祭"，那一种严肃谨慎的样子，都是描写当时之心，让他在生活里，一点也**未滑**。

凡人于严肃的境地，都把心收了拢来，除非太滑的人则否。故**心在当下即是仁**。宋明人所谓敬，也是指此。我们平常的毛病，就是心易到别处去，休闲时想作功课；作功课时想玩耍，都不对。其实你作功课时就作功课，玩时就玩才对。孔子所谓"思不出其位"，就是告诉人不看远处，只看当下。有人问"人无远虑，必有近忧"一节，似乎与看当下一条相矛盾，实则此亦是看当下，因处于现在而思虑关于现在有何危险，其心固未离当下也。

看当下的态度，在一面即是**心在生活中**，一面就是**心不倾欹于外**也。就是**一个非功利的态度**。**所谓功利的态度者，即是心情系属于外，意不在此而在彼也**。苟生活在此，心情亦在此，也就是无所为而为，生活之所以乐也由于此。心情不在此段生活中，那便是丧失了乐。由此以观，孔子的生活实在是极简单的生活，不过各方面去看，所以有种种态度，心不倾欹于外，即孔子所谓"思无邪"，所谓"君子思不出其位"，也就是**其心无他**，老实人与小孩子的心真是无他，故孔子的生活，似乎很高不可攀，实则只是小孩子及老实人之生活耳。

反宗教

其次讲孔子的反宗教的态度。本来孔子云"未知生，焉知死"、"未能事人，焉能事鬼"两条，他可以放在"看当下"的态度里面。因其本相关联也。

宗教之所以被他人反对，因与看当下的态度是相反的，是冲突的，只是谈无始与将来很远的地方，他为甚么要到那里，他却不如哲学家爱知的探问。哲学家爱知的探问，与孔子的思想本不冲突的。他的问，是为心情不安宁，要求宗教的人而去问，他的答也是为心情不安宁，要求宗教的而答。

凡宗教无不存在于人的情志不安之上，而此种情志不安宁的人，莫有一个能让我们承认他是对的。本来**情志不安是仁的表现**，但成功宗教者之情志不安则非是，尚可批评受指摘。一言以蔽之，此种情志只是一个**私**而已。故可说**宗教是站在一个私欲上**。因为所有宗教家的讲话，都是

出位之思，其所以不安宁，也是因为这种原故，他的**情志动摇，都缘心有所系**。

母爱子，可以说是天理，子死而悲亦属当然，但却易过，不仅忧伤而已，简直有情志动摇不愿活着者，或则因之出家者。彼何以致此？因有**所系**，有所**要求**。所系**既失**，情志因以**动摇**也。

所有宗教都存在于此上面。凡有所**倾歆**，则终不免情志摇，因他自己站不住而有所待也。此种情志不安，故说为**私**。而宗教立于此上面，故亦是私欲也。所有降鸾扶乩、算命看相等，的确可以四字去批评他，就是**一团私意**。盖皆倾歆于外也。此孔子所以不语"怪力乱神"也。人之喜言鬼奇，则有矜喜惊怪的态度，此亦大病。

这个意思与十四条中之"子绝四"——"毋意、必、固、我"之态度相同，在下面详讲。

毋意、必、固、我的态度

本来孔子完全是一个人，并不与我们两样。他的生活也不与我们两样。其所以分别处，就是我们的喜怒哀乐不得当，不恰好。他的喜怒哀乐能得当，是恰好故也。我们如何会出了那个**恰好而过或不及，就是有了意、必、固、我的缘故**。此是一个要求，有要求便是私。我们的生活，前面已谈过，要是恰在生活之理上走，即是仁的生活。所有的毛病，都由于违仁来。但何时失了轨则，**而违仁则完全由于意、必、固、我**。我们已讲过，**公私不是范围的区别，公是顺乎天理之自然，而私则是在天理之自然上多了一点意思，多了一点意思就是要求，就是私**。意、必、固、我即是在天理之自然上多了一点意思。总之，**我们生活能在生命自然之理上，真是一切皆不成问题。凡成了问题者，必是心有所著也**。

意、必、固、我这个问题，就是所有问题中唯一的问题。上面我们说过，意、必、固、我就是多一点意思。大家不要粗看意、必、固、我的意思，以为我并未意、必、固、我，这种不知不觉地意、必、固、我，在我们真是太多，实已成为牢固的习惯而不觉。

意、必、固、我只是个要怎样，一个要求。 粗的要怎样**不见多**，而细的不知不觉的要怎样太多了，以至成为牢固不拔的习惯，则使我们的喜怒哀乐不能得到恰好，此遂令我们不能不苦。孔子则虽有天大的问题，都不成问题。因为他不但粗的意必固我没有，而细的意必固我完全不见踪迹。如颜渊死，子哭之恸，他哭颜子死，本是生命里面一个要求，但过而不留，不于此上稍加些许意思，故不许门人厚葬颜子。所以如此喜怒哀乐都不要紧，本是生机流畅，完全无碍。最怕**添了一点意思，则生机滞塞，以至于苦也**。

平常人太为一个要怎样，几乎无一事——即使小的事——不成为问题，他们真是不能不苦矣。假如我作了一篇文章，有人驳我，本不成问题，因为有一个要怎样，便不高兴而成为问题矣。此种不知不觉之多一点——或要怎样，已成为我们牢固不拔之习惯。我们说不觉得，其实已堕入其中矣。这是什么东西？即是意必固我有个要的东西在。如上例，有人驳我则不高兴，因有一个怕挫逆的意思，有人誉我则喜，亦因为有一个要求意思在也。

现在讲不知不觉多一点之我，于此我们须先辨明一个问题，辨明了这个问题也就是说明他了。即是讲无我时，平常人多附会到佛家的**破我执**；讲毋意毋固时，附会到佛家之**破法执**。辨明了二者之不同，也就是说明孔家的意思。自然二者很有些相似，但却不同。

佛家之破执，是破生命中原来之执，此执在佛家为俱生我执与法执。如刀子伤我而痛，在孔家并不认为执，而佛家则认为执，他要一直破此到底。颜子死，子哭之恸，在孔家不算为执，不算为意必固我，但在佛家则以为执。**此为生命原来有者，为俱生执。孔家不但不破俱生执，且为彼根本所在，因彼站在好恶上故也**。如恶恶臭，好好色，在孔子认为对，而佛家则认为不对。好恶心、是非心、恻隐心、羞恶心，无一不站在**俱生执**上。孔家并不以此为不对，他所要破的则在俱生执以上的东西，即是佛家的分别执，即分别我法二**执**也。此处分两项来说：

一、我

我这个东西与旁的东西一样，这个黑板，我目见耳闻手触可以得知，即是用感觉能得到。还有用感觉所不能得到者，则用旁的东西来得到，如人的概念，则是在此具体之外，有一虚设的概念。在概念则可用理智去认识。**我**这个东西，他不是一个具体的，自然为感觉所不能得到，亦非是抽象的概念。抽象之概念，只是把种种东西抽同去异而成功的。若我则是一个单列，**我**的概念实无法构成我之为物，既非具体的东西，亦非抽象之观念，乃是一个活的意味。概念的与具体的都是**冷固的**，至于我则是一个**意味**，一个**情味**罢了。欲认识他，全凭直觉去体会。我们说我，与说你说他不同。因你与他仍不过是一固定的符号，至于我则含有一种难形容而可保爱的意味，此意味始终在直觉上才能有，不应在直觉之外另立一个我。佛家是彻底的**无我**，而孔家则在直觉之中之我，并不排斥。若在直觉外去加一个我的意思，他便排斥矣。如熟睡闷绝，此时俱生我执却未断，仍是念念缘我，佛家连此都破除也，非此不足以成佛；孔家于此很明了很清楚，明了意识之分别我执，他才破除也。

平常人都把直觉的意味当着一个东西，那就不对。感觉所得只限于现前，理智所得，则于感觉所得者能画圈画范围。至于直觉所得活的意味，是没有法，不可画范围的。我们看美花，花有范围而美则无范围，不能指画。直觉上之我的意味，现在许多人当他是一个呆板的东西，画一范围而名之曰我，此实错误。在直觉中之我，是一个无边大、无边的长久，而现在则以最小之空间，最短之时间**为我**，此乃分别我执，为孔子所排斥者也。以分别我执在吾人生活中根深蒂固之故，以是人有驳我之文章者，遂不高兴（平常人找的态度都根据于此）。

《东西文化及其哲学》中，讲孔子之不认定的态度是属于此条，不过彼只讲到此条之一面，单讲是非善恶道理之不认定而已，若剖析言之可分述如下：

一、分别我执

二、分别法执 ｛ 甲、苦乐执

乙、是非执

我们寻常生活中，我之观念是从分裂生活的一半而成。我们生活中**只有活动，只有相关的件件事**，如吃饭穿衣之吃与穿而已，并无我与物。吃者穿者与被吃者被穿者这些东西，**等到一种别的作用东西来，才画异成两种的分离与两种的构成，而有所谓我与物。是则我之观念完全由后天分别而成，由区划范围，指定方向，所以如此之空间、如此之时间而命之为我，此之为分别我执。**

所谓毋我之我，照我之讲话，或即指此分别我执之我。因为这个我，他们已完全把他当一个东西看，因为东西才有范围，方所可言。我本是一个意味，你仍还他一个意味就对了。你们看小孩从生下至十几个月的时候，他心目虽有一个我在，只是俱生我执（在六七岁都有），全未执有范围、方所为我。有范围方所之我，乃是后天加上的，这不是在原来的我的意思外多加一点意思么？如人之怕死，他恐怕死了便没有我，就赶紧作乐，这通是错，能凭什么知道死后就没有我？其实这个我是亘古亘今都有的，并非是死后便无。如许多糊涂的哲学家和宗教家也认为有范围之我，而讲什么小我大我之说，真是大错。如日本井上圆了与梁任公、胡适之先生等，都是陷于同样错误。他们所有许多的话，皆欲去扩充范围，盖已经**打碎宇宙**，然后以许多话去**粘合**，直是完全**无用**。如此做法，只是愈做愈错。其所以不对之故，因我之意味是超出了明了**意识**的。要是用明了意识去构画成一个东西或一个概念，完全不是生命，不是念念相续。明了意识是生活之工具，是从念念相续之生命来的，其何以能认识生命？

佛家之分别我执分为二种：

一为平常人之分别我执；

二为宗教中之分别我执。

他已驳斥无余，此姑不述。

分别我执这个错误，不但是知一方面的错误，如果只此，并不能发不对之行为。其所以发不对之行为，还有一个妄情起来。本来托于误知，与之同时并起而构成之，非有先后也。此妄情实为搅乱直觉生活之**根源**。

二、法

我们常去想一个问题。就是人类善恶何自来之问题。持善恶二元论之哲学家，都以为恶是有根的。我起初的看法以为恶是无根的，其由来都在分别执上，全在三种误认：

1. 我之误认
2. 是非之误认
3. 苦乐之误认

后来我稍为简单一点，认为虽不全在此，然亦几乎全在此。错误之认定，**即分别法执**（还有一层此刻可以不讲）。人本来好恶是明的，何以有时去做错事，只是先有了一个**我执**，后加了一个苦乐的认定，结果就去做那**不公平的事**。人本来就**好善恶恶**，哪里有什么恶可说？于是可见**恶是无根**，却是也可以说几乎是有根，因为有一个误认。然则恶之由来，即如是乎，尤要者，恶即惰力是也。

（一）苦乐之认定

生命原来是一个活动，是在生机畅达上，**真是无所谓苦乐**。生机滞塞，才有所谓苦。但在条达安和之气象看，真是无时非乐。小孩之喜怒哀乐，听他喜怒哀乐。他喜怒哀乐的时候，也恰是他条达通畅的时机，苦的踪迹安在？而成人当喜不喜，当哭不哭，忍含在心里，乃有苦之可言。我们把生命本来是一个畅达的意思弄清楚了，境遇方面本是不成问题。而普通人竟不然，把苦乐放在客观的境遇上，因此去追逐，生机便被他**搅乱**了。

在此一面为苦之来源，在彼一面则为恶之来源。一个人无论他要什么，**凡是有所为而为，统是认定之态度**。盖以先认定我，而欲取得之以为我之享受也。此不但搅乱个人生活已也，更因此搅乱社会。在生命上，凡走向前的路，差不多都是一样的结果。生命本是一个活动，原是生机畅达，这是绝对的乐，原无可说，即是**平淡**，即是说生命原是一个**调和的平坦的**，并没一点高低之可言。高一点低一点本来没有，要在符号上才有。如我以为吃一块糖是乐，就在符号上去推，**以为有千块糖便有千倍乐**，对于钱财亦如是。人虽没有对于糖作如是想，而于钱则竟以为越多越好。他们不知生命只是调和平淡，哪里有那一回事。其以为有者，都是在符号上加多或减少一点，都是后起的。若愈看愈高或愈低则愈错，实则仅一平淡而已。

凡以某一件为乐，某一件为苦，都是错。凡是抱一个追求的态度，他没有不是认定他所希望的是好的，仿佛是以他为一特别的，为一高出的，这样看法通是一个虚见而非实感。所谓实感者，即当前一刹那苦乐之感，此乃直觉之所指示。离此而去希冀什么便是虚见，因已离开直觉矣。因为他固定一个外境，而又去判断所固定之苦乐，此非多一点意思而何也。正在生命中，正在直觉中，也没有固定的东西，也没有我，也没有糖。在虚见时，则判定有我，有糖，而又去认有苦乐，于是我与糖便离为二。与此虚见同起者，厥为**妄情**，实为搅乱吾人生活之一大原因。所以用符号还不见得离事实远，迨用符号辗转代表，则去事实愈远愈弄愈坏矣。故虚见本不难破，难破乃在他辗转相资，习而不察，离去事实太远，即离去当下太远，使我们不知不觉地入于意必固我，而不自觉。此细的意必固我所以为吾人生活之大害也。孔家以为搅乱吾人生活者在此，故谓**实感便是对。凡直觉之所觉都是对实感以外加了一点意思，则通统非是。**佛家则不然，以为所谓实感者亦俱生我执也，认为须当破除。

（二）是非之认定

平常人对于是非的看法，完全把客观的事理同它放在一块，**本来是非是主观的情理，只在直觉上有，只在好恶上见，完全应与客观的事理分开，他仅仅是一个意味，是一个情味。**所谓是者就是欢迎的意思，所谓非者就是拒绝的意思，完全是心情的一种力量。**苦乐是一种意味，是非也是一种意味，**只在**实感上有，**不应在固定的某一种条件上而判断之。

《东西文化及其哲学》在讲孔子之不认定的态度中，有一个例很明白，平常人都是依一个客观呆定的道理而**秉持**之，其要求非常之切，他们都将他们的生活放在这面上，这种情形无论在何处都有。如宗教之信仰，哲学家之学理，与夫社会上之习惯等，这许多东西，如生物之机械之动作一样，社会上觉得非常之需要，实则非常扰乱吾人之生活。孔子则完全不如此，他不去制定这个是善，那个是恶，这个是是，那个是非。因为他们制定这道理去秉持，便违乎人情。人本应当顺着人情去做，若靠一个道理去生活，则他们的生活真是**非乱不可。**因为凡是认定一条道理顺着往下去推，就成了**极端。**

　　事实本是圆的，若认定一点拿理智去推，则为一条直线，不能圆矣，结果就是走不通。譬如以爱人爱物这个道理顺着往下去推，必至流于墨子之兼爱、基督教之博爱之源头；再推则到佛教的慈悲不杀生；再推，不但不杀动物，还要不杀植物才对，乃至一石一木也不要毁坏才是。如是，则怎样走？你如果不能做到最后尽头一步，然则你的推理何以无端中止？于此顶需要晓得，不但后来不能推，原就不应判定一理而推之。

孔子并未前后排列了才去选择通的路走，他完全是**顺乎自然的人情**，也不是墨子的兼爱主义，也不是基督教的博爱主义，并非佛家的慈悲主义。他并非一个**派别**，一个**学说**。因凡是提倡一种学说，通统是把主观情理当作客观的**道理**。所以孔子主张亲亲而仁民，仁民而爱物，完全是**听凭直觉之所指示**，情到何处，他的行为就到何处。在直觉上对于亲族是**情厚些**就厚些，对于旁人略差些就差些。你若判定情厚多爱为定理，而以理智往下推寻，把它当作客观道理而秉持之，反倒成了形式行为，仅是一个模型，没有真情，又何若完全听凭直觉之为愈也。

以上所说认定一个道理都是多一点意思，即是"意必固我"。孔子"知其不可而为之"，是他的情味如此。如梁任公认成他是一个道理去讲，就错了。

现在，我的认定，是非之认定，苦乐之认定，都讲完了，再来结束几句：当有我的观念时，不是天理之自然，当以富贵为乐、贫贱为苦时，此种苦乐观亦非天理，甚至如说爱人爱物的道理是对，也不是天理之自然，都是失掉了天理，失掉了自然之**心情**。在天理之自然上，完全无许多话说。有了这些，我的认定，苦乐的认定，是非之认定，成了牢固不拔之习惯，便成了不知不觉的意必固我。本来所谓我者，只是生命上之一意味，其与所谓苦乐是非者，通统是生命上之一意味。这种意味是随感随有，都不是个固定的东西，现在却变成了固定的东西，都不是原来的。这种变成，即是成了细的**意、必、固、我**，生活扰乱，全由于此行为之错误亦由此所致。如无细的意必固我，则生活通统听乎自然矣。

非功利的态度

这个态度论语上明白讲的只有两条：

> 君子喻于义，小人喻于利。
>
> 放于利而行，多怨。

虽然只此两条，却是孔子的一个根本态度。我们先看一般人的情形，似乎只有两面，一是**向前有所取得——功利派**，一是向后找出孔子的一派，是与他们不同。但是除了出世的佛家不论外，讲世间人生的，几乎只有此二派，一是向前取得的欲念生生不已的，此即**功利派**，一是**非功利派。功利与非功利之区别，不是内容的不同，完全是一个态度的不同**。孔子的十四个态度中，差不多都是这个态度。如乐、仁、讷言敏行、看自己、看当下等态度，都与此态度一致。可以说全部《论语》都是这个态度。既功利与非功利不是内容或事实的不同，而是态度的不同，故富国强兵的论调本是功利派的说话，可是孔子也不一定就不讲，他曾说足食足兵一类的话，因此可见这完全是态度上的区别，与事实并不相干。所以**事实上不管他像功利派的也好，非功利派也好，只要他态度是一个非功利的态度就对了。**反过来说，若他是个功利派的态度，不管事实像不像非功利，他仍是一个功利派。凡是向前取得，不论取得什么，都是一个功利派。按事实来说，**孔子也是可说是有所取得，但是他的态度固未尝欲有所取也。**

功利与非功利，由上看来，若从外面的事实去判定，当然不对，我们仅仅只能在自己心上省觉，实不能从外面去下一个定义，但我们能帮助大家去省觉的有一句话，就是不失掉现在生活的趣味。事实虽像功利派，而实是非功利派。**若失掉当下生活的情趣，这通是功利派也。**《东西文化及其哲学》中讲孔子不计较利害的态度有一段可以引来说：

　　　　我们再来讲孔子唯一重要的态度，就是不计较利害。这是儒家最显著与人不同的态度。直到后来不失，并且演成中国人的风尚，为中国文化之特异采色。这个道理，仍不外由前边那些意思来，所谓违仁、失中、伤害生机等是也。胡适之先生又不晓得孔子这个态度，他以为孔子的"放于利而行，多怨"、"君子喻于义，小人喻于利"，不过是孔子恨那般谋利政策，所以把义利两桩说得太分明了。他又引孔子对冉有所说"庶矣，富之"的话，而认孔子并不主张"正其谊不谋其利"说："可见他所反对的利，乃是个人自营的私利，不过他不曾把利字说的明白。《论语》又有夫子罕言利的话，又把义利分作两个绝对相反的物事，故容易被后人误解了。"但胡先生虽于讲孔子时不曾认清孔子的态度，却到讲墨子的时候，又无意中找出来了。他看见《墨子·公孟篇》上说："子墨子问于儒者曰'何故为乐'，曰'乐以为乐也。'子墨子曰'子未我应也'，今我问曰'何故为室'，曰'冬避寒焉，夏避暑焉，室以为男女之别也。''则子告我为室矣。'今我问曰'何故为乐'，曰'乐以为乐也'，是犹曰'何故为室'曰'室以为室也'。"他就说："儒家只说一个'什么'，墨子则说一个'为什么'。儒家提出一个极高的理想的标准，如人生哲学，高悬一个止于至善的目的，其细目'为人君，止于仁；为人臣，止于敬；为人父，止于慈；为人子，止于孝；与国人交，止于信'。全不问为什么为人子要孝？为什么为人臣要敬？只说理想中的父子、君臣、朋友是该如此如此的。"他从此推论儒墨的区别道：

儒家只注意行为的动机，不注意行为的效果。推到了极端，便成董仲舒所说的"正其谊，不谋其利，明其道，不计其功。"只说这事应该如此做，不问为什么应该如此做。墨子的方法恰与此相反。墨子处处要问一个"为什么"。例如造一所房子，先要问为什么要造房子，知道了"为什么"，方才知道怎样做。知道房子的用处"冬避寒焉，夏避暑焉，室以为男女之别"方才可以知道怎样构造布置，始能避风雨寒暑，始能分别男女内外。人生一切行为都如此……墨子以为无论何种事物、制度、学说、观念，都有一个"为什么"。换言之，事事物物都有一个用处，知道那事物的用处，方才可以知道他的是非善恶，为什么呢？因为事事物物既是为应用的，若不能应用，便失了那事物的原意了，便实该改良。例如墨子讲"兼爱"便说："用而不可，虽我亦将非之，且焉有善而不可用者？"这是说能应"用"的，便是"善"的，"善"的便是能应"用"的。譬如我说这笔好，为什么"好"呢？因为能书写，所以

"好"。又如我说这会场"好"，为什么"好"呢？因为它能聚合开会演讲之用，所以"好"。这便是墨子的"应用主义"，"应用主义"又可叫"实利主义"。儒家说："义也者，宜也"，宜即是"应该"，凡是应该如此做的，便是"义"。墨家说"义，利也"，便进一层说，说凡事如此做去便可有利的即是"义"的。因为如此做才有利，所以"应该"如此做。义所以为"宜"，正因其为"利"。

以上看孔家与墨家的不同，实即一为非功利的，一为功利的。当我们作生活中间，常常分一个目的与手段，譬如避寒、避暑、男女之别，这是目的，造房子这是手段。如此类，一切事大半皆这样。这是我们生活中的工具——理智为其分配，打量的便利，而假为分别的。**若当作真的分别，那就错误而危险，就是将整个的人生生活打成两段。把这一截完全附属于那一截，而自身无其意味。**若一分，则当造房中那一段生活就是完全成了住房时那一段生活的附属，而自身无甚意味。若处处持这个态度，那么就**把时时的生活都化成手段，而全部人生生活都倾欹在外了。不以生活的意味在生活，而把生活作为别的事而生活了。其实生活是无所为，不但全部人生无所为，就是那一时一时**

的生活亦非为别一时生活而生活的。平常人盖多有这种错误分别，尤以聪明多欲之人为甚，以致生活趣味干枯，追究人生的意义、目的、价值等，甚而情志动摇，溃裂横决。

所谓**"为什么"**在生活之小段中似乎可见，而在整个的生活中，问到究竟根底，实完全无可见，即我们无所为而为的意思，只是一个意味，唯直觉为能领会之。**意味无所谓为什么，理智出来打量才有个为什么**。

从上面的意思看来，凡是情志动摇，没有不是由于私意而起功利的态度之所致。由内容说则为一种错误也。凡说到意义、价值、目的等，都是在不知不觉之中，有意无意之间，假设一个目标，若离去目标，则所谓意义、价值、目的等，实无可说。既不能凭空而说，则大的目标（或大的自己）实无来路。即使有大的目标，则此目标仍是对于别的目标而有其意义价值，我们问到究竟，总是一个不能问，即不为什么。因为究竟的地方完全是一个趣味——或意味。趣味是生命之最后，也是生命之开头，他无有解释的。譬如好善恶恶，实是一个情味，要是去问他为什么好善恶恶，此实不能再下解释，因他的本身不是手段，乃是目的，故不能再问其目的也。

其次，说到**整个**的意思也没有这个态度。凡评论有意义、价值、目的，通是部分对于全体，零星对于**总体而说**。

小段的生活对于整个人生，可以说意义、价值，但整个的人生，既不是部分的，又不是**附属**的，本身就是个全体，再没有比他更大，所以不能在他之外再有目的，再有**总体**。苟当作小段生活看，则是错误也。盖一为**相对的**，一为**绝对的**。相对固有意义、价值之说，而绝对则一切均无可说也。本来理智这个东西，他只会把生活打碎成为零星，而又把他串上。打碎的时候，也就是串上的时候。串上的时候，亦即是打碎的时候。此为小段生活方便而有，整个生活则不如是。由这种结果，只使他限于相关系的圈中不能出来，因此便发生追问意义、价值的事情。

还有一个错误，是把人的生活**看成太有意识**，以为生活是全受意识的**支配**，时常是意识去作主宰。其实整个的生活，意识哪能作主宰，他只能主宰表面的一小部分而已。我们问人生之意义、价值、目的时，即等于说人生是由有意识而来。其实，**意识乃出于生命，并非生命出于意识**。生命既超出意识，则安可以意识问人生之意义价值耶。

我们还有一点去看他们的错误，即是太偏于看生活是**人为**，而非顺天理之**自然**。因他们看自己处处是人为，有所求，故去问。若是他们时时是顺天理而行，则并不作如此问也。

于此，我们看功利与非功利的区别，则**非功利的生活**

是凭藉趣味，依靠直觉。功利的态度则靠理智计较，一是品质的 quality，一是数量的 quantity。理智常是一个数量的计算，计算就是找东西。譬如看物是看趣味，但因找东西的结果，则看东西而忘其趣味。墨子之非乐、节葬、短丧的态度，通统是看实利，即是计算数量。因他只在符号上去转展，便失掉情趣矣。人对父母死，他觉得厚葬心才安，这是情趣的问题。如果始终不离此情趣，不由计算，他便容易走到孔子的路上去。计算的结果，失掉情趣，他一定走到墨子那条路。罗素批评西方文化，也是就此处说。

上面已经把功利派种种错误指了出来，现在再为结果：功利派之所以持功利态度者，恐怕是对于是非失掉了他的**意味**，完全是趣味的问题。他们失掉了趣味，所以才起那种错误。世间所有一切的问题，仿佛只有两个，一是**是非问题**，一是**利害问题**。**功利派就是拿利害去解释一切**。不但属于利害方面的问题他们用利害去评价，就是关于是非的问题，他们也拿利害去解释。他们不觉得是非是一个趣味的问题，是最后的，而认为是一种**手段**。我们本不应问是非是从何来，他们所以要问，都是对于是非失掉了趣味，因此**用利害去解说一切**。

功利派自然他们不应该用利害来抹煞是非，然则孔子岂不是只问是非不管利害吗？这话很有毛病。若孔子真是拿是非来解说一切，也把是非来抹煞利害，那岂不是有所主张！他在生活中并没有是非的意思，只是一个**趣味的问题**，无所谓讲是非善恶，因为正在直觉中，完全是一个意味，并无种种说法，如是非、利害等问题也。

我们也不能说生活中就无利害的区别，虽然在生活中这种小分别可以谈，功利派确也有他的相当地位，却是他太过于主张以之衡量一切，此即意必固我，因与孔子的态度相反也。**凡靠趣味去生活的结果，都成功一个非功利派，**他的动作完全靠当下所感之趣味。个性特别的人，里面充足的人，他的直觉很强，都是靠趣味生活，结果都是非功利派。所以不应看非功利是一个很严的态度，很干冷的样子，其实他是顶富于趣味的。而讲利害，讲实利，反不免干枯无味者，正以理智之冷硬有以致之也。**人生的趣味能从此计算功利的态度，完全丧失人生好的行为，并能从此态度令趣味出不来。**人生本是有趣味的一件事，一算账，立刻无趣味。如墨子把丧也短了，把乐也不要了，真是把情趣斩杀得干干净净。

天下最危险的事，就是怕没有生趣。一个人觉得他没有生趣，便要闹大乱子，社会就要掀动。**让人丧失生趣的就是算账，就是功利的态度。人好的行为，通统是从和乐的心理出来。**如爱小孩，敬长上，一言一动莫不是好的，因他心理是和乐的，这种**和乐就是生趣**。人果不落在算账态度里，无不生趣盎然发出，无不是好的行为，决不会有诡诈的事情，因无鄙劣的心理。至于贪诈残暴种种行为，通统是里面不合适的不好的心理来的。

　　故和乐的心理，即一切好行为的泉源。失掉和乐的时候，也就是算账态度出来的时候。功利派与非功利派的区别在此。除孔子以外，所有古今中外一切的哲学家，都是功利派。我说将来世界必走入孔家的路子上。换言之，即是非功利派将代功利派而兴也。因为我们看外面，则不能不成为功利派；如果向内看，则一定会走入非功利派的路子。现在世人都感到看外面的痛苦，而回头看内了，故我敢断言也。最足以证实此事者，就是罗素的态度。我当时正在思索这个问题，一看到罗素的意思，几乎令我大喜如狂。他引老子的几句话："生而不有，为而不恃，长而不宰"，比附他排斥占有冲动，开导创造冲动的主张。大家听了，便也跟着这样说。其实两家通体的大旨趣果相同否，恐尚难言，他实与孔子有同样的旨趣，却无人讲。他的**旨趣只是自由生长一句话，而孔家要旨也只在不碍生机**。

　　讲到世间法，孔子所以值得特别看重越过东西百家的，只为他**圆满了生活，恰好了生活**。而其余任何一家都不免或多或少窒碍斫戕颓败，搅乱了生活。所以怎样不要伤害生机，自是**根本必要的**。罗素于此，总算很能有见于往者孔子着眼的地方，而抱同样的用心。所差的，孔子留意问题于未形，而罗素则为感着痛苦始呼求罢了。罗素所感的痛苦，便是他们的社会，那些组织制度形式——经济一面尤其是根本的——所加于他们的此种组织制度，是沿他们那个人生态度方向而走出来的，从这种组织制度形式，又领导胁迫着他们非更严格的作那个态度的生活不可，这简直太不自然，太不合人类本性，无情趣易疲乏，烦恼空虚**种种具足**，根本的斫丧人的生机，此即罗素痛苦所在。所以罗素之要改造社会，很富于哲学的意趣，是要求开辟一条较合理的人生道路。

我们前边谈过行为靠知的结果只是放在很近于知的情，就是**欲望上面**。从前西洋人把行为单看是在有意识的方面，故重在欲望，此是与东方文化大不同的地方。罗素他着重冲动无意识方面，于是就接近于非功利的态度，与孔子的意思相同。因为他看到人的行为是在无意识方面，所以不能不主张顺导生活，以此尚觉简单，故有调理的意思，以为不好行为之来源是本能冲动受了伤，因之有反对刑罚的主张。若使他看着孔子的东西，或者一定要说用礼乐来调理这种话，他说：

如果自然的冲动，不得相当的发泄，所产的结果，不是活气的缺乏，即是暴戾的戕生的新冲动。但是对于别人有害的冲动，多半是由于生长受了妨害，在本能得以顺畅发展的人，此等事则很少矣。无论什么理由，若让他的生长受了妨害，或者被迫长成一种纡曲不自然的形态，他的本能必定仇视**环境**。

这完全与孔家的见解一样，因为他很以惩罚的方法为有缺点，因为于冲动没有好的影响，只有坏的影响，又他如此的要冲动活泼流畅，而反对理智的算账，已经是变更向外逐物之态度了，并且他还颇明白向外寻求乐趣是人们的错误。他说**乐趣就在自己活动上，而不在被动地享受于外**。照现在生活路子，只能有后一种乐，而且是很小量的。要改造出容我们自由活动的路子，才有真乐趣。他又分别有本能、理智、灵性（spirit）三种生活。我当时以为他所说的灵性生活太神秘，太无根据。现在我的见解与讲《东西文化及其哲学》时有变迁。

我当时看人的生活只有本能、理智两面，但本能、理智都是工具，而主有此工具者，则还有主宰的真心，此为本能让出来的地方，不应放入本能内，此即罗素所谓灵性也。他说灵性生活，以无私的感情为中心，宗教、道德都属于这一面。艺术则起于本能的生活而提高到灵性里面去的。有人单偏在灵性，就抹煞一切本能而成为禁欲家。有人又偏在本能，就听凭本能去恣意横行，又成了恶劣的与旁的生物一般。又有人偏在理智，就是批评破坏一切，结果使人极无情而流于玩世主义。这都不能使人生继续保存其活气。唯藉灵性把本能洗练提高，救济理智的危险，而三者得到调和均衡融贯去生活，是最好的。然而现在的文明人都没有做到，总是偏枯或胶执的。本来灵性这个话很不好，但是他的意思是精到的。

晚近社会主义如基尔特社会主义等，他们以为都是圆满了物质生活，就圆满了人生，但要经济情形如他们的理想，得到改善，人类就得到丰美的生活，就成了黄金的世界。但是现在他们很知道必要如何提高人生才行。改造社会为的是改换一种人生。以前我从李守常先生那里拿到一本基尔特社会主义的书 Stirling Taylor *The Guild State, Its Principles and Possibilities*，其末一章讲他们那派所抱的人生观，更可在西洋人是如何排斥一味向前逐求的人生，而所向慕则在雍容安闲的中国态度。他说，西洋人尽是事事求快。这种什么都要快的欲求，就表示现在的人称量一切事物只问多少，不管好坏。比如他们能有两个，他总觉比有一个强。他所最不幸的是限于一张嘴,一个胃口,一天只二十四点钟罢了。又说,正当的人生是安息的,不是跑的;是恬静的,不是忙乱的;他享受所临到他们面前的,而不去寻逐没有这里的。模范的人没有野心,他不渴望去图一大的幸福,或战胜或管着旁人。他可以是不黠灵的,或不强干的,或更确当,只是生有好的气味与好的态度,这一派话虽是很粗,但其态度是很显明的,非刑罚的态度。非刑罚的结果一定会要找到礼乐来。

非刑罚的态度

《论语》中讲非刑罚的地方很多。毕竟刑罚这个东西是让人生去走功利的路，根本与孔家冲突。拿法律刑赏去统驭社会，实在是把人生建立在计较利害的心理、不正当的功利态度上，结果使人的心理卑陋私劣。

刑罚这种东西对将来改造后之社会实有极大之问题。我在《东西文化及其哲学》中关于将来世界文化之社会方面曾说：在这一面，如今日不合理的办法也不能不改变。不论是往时的专制独裁，或近世的共和立宪，虽然已很不同，而其内容有不合理之一点则无异。这就是说他们对大家所用统驭式的办法，有似统驭动物一般。现在要问，人同人如何才能安安生生地共同过活？仗什么去维持？现前哪一事不仗着法律？现在这种法律下的共同生活，是用一个力量统合大家督迫去做的，还是要人算账的，人的心中都还是计较利害的。

法律之所凭藉而树立的，全都是利用大家的计较心去统驭大家。关于社会组织制度等问题，因我于这一面的学术毫无研究，绝不敢轻易有所主张，但我敢说这样统驭式的法律，在未来文化中根本不能成立。如果这样统驭式的法律没有废掉之可能，那改正经济而为协作共营的生活也就没有成功的可能。因为统驭下的社会生活中，人的心理根本破坏了那个在协作共营生活之所需的心理。所以倘然没有所理想的未来文化则已，如其有之，统驭式的法律必然没有了。仿佛记得陈仲甫先生《新青年》某文中说，那时偷懒的人如何要责罚，污秽的工作或令受罚人去作，或令污秽工作的人就工作减轻些。其言大概如此，记不清楚。总之，他还是藉刑赏来统驭大家的老办法。殊不知像这样偷懒和嫌恶污秽无人肯作等事，都出于分别人我而计较算账的心理。假使这种心理不能根本祛除，则何待有这些事而后生问题，将触处都是问题，而协作共营成为不可能。现在不从怎样泯化改变这种心理处下手，却返而走刑赏、统驭的旧路，让这心理益发相引继增，岂非荒谬糊涂之至？以后只有提高人格，靠人类之社会的本能，靠着情感，靠着不分别人我、不计较算账的心理去作如彼的生活，而后，如彼的生活才有可能。

　　近世的人是从理智的活动认识了自己，走为我向前的路而走到现在的。从现在再往下走，就变成像要翻过来的样子。从情感的活动，融合了人我，走尚情谊、尚礼让、不计较的路——这便是从来中国人之风。刑赏根本摧残人格的，是导诱恶劣心理的，在以前或不得不用，在以后则不得不废，这又合乎孔子的理想。从前儒家、法家尚德尚刑，久成争论，我当初以为儒家太迂腐了，为什么不用法家那样简捷容易的办法，却瞎唱许多无补事实的滥调。到今日才晓得孔子是一味的要保持人格，一意的莫破坏那好的心理，他所见的，真是与人不同。以后既不用统驭式的办法，而靠尚情无我的心理。那么废法律之外更如何进一步去陶养性情自是很紧要的问题。

近来谈社会问题的人，如陈仲甫、俞颂华诸君，忽然觉悟到宗教的必要。本来人的情志方面就是宗教与美术两者东西，而从来宗教的力量不着重这面则已，但着重这面，总容易倾在宗教，而觉得美术不济事。实亦从未有舍开宗教、利用美术而作到非常伟大如一个宗教者。有之就是孔子的礼乐。以后世界是要以礼乐换过法律，实行孔家宗旨而后已。因为舍礼乐别无第二个办法。宗教既不相宜，寻常这些美术也不中用。宗教所培养的心理，并不适合我们作此生活之所需，而况宗教在此时期文化中，将为从来未有之衰弱，其详如后说。

礼乐的态度

在说明礼的意思以前，先把一个问题或一个疑问说出来，然后去说明。我们看到刑赏的办法顶大的错误就是只管外面的形式而不顾内容，只看他行为的结果而不看动机。凡一个人的行为之如何，不在看他外面之形式，而要看他的内容。假如要管内面，一定是不用刑罚的。因刑赏很容易导诱人堕入恶劣的心理。故刑赏之成立，只是在维持社会外面之秩序，而非就行为之好坏说也。刑罚既有此错误，则所谓礼者亦岂不是外面之形式么？！如许多教条仪式等，法律太看外面固错，礼岂不同陷于错误么，如对此不能解释，则礼亦当然不能成立。

我们以前说过，是非善恶的道理只是主观的情理，不是一个客观的事理。若把主观的情理当作客观的事理，便是谬误。讲子绝四"毋意、必、固、我"时说，要听凭主观的情理，不应把持一个道理去做。上面已经说凡主张一切主义、一切学说，都不对。如梁任公把孔子"知其不可而为之"的情理，当作主义讲就不当。孟子所谓"行仁义"都不对。然则所谓礼者，岂不是很像定好的如此如此而照样去做么？此一问题也。

还有所谓种种制度即礼法。中国把法放入礼中，而西洋把礼放入法中，其礼法虽大不一样，但通是解决人与人间之问题，才有此一种安排。有许多讲礼法之由来，都说是解决社会问题。吴稚晖先生说，你偷我的不好，我偷你的也不好，因此大家不偷。我的夫人你去与之恋爱也不好，你的夫人我要与之恋爱也不好，只好大家各爱各人的，因此而有礼法之成立。礼果起于如此？又当发一疑问，则礼是人为而非顺乎天理，岂不是用礼反以改吾人之原样生活么？这似乎是于人原来容易发生问题的地方给以一种解决制裁，即是等于不顺天理，而多偏于参加人力，此多少含有性恶的倾向。

以前《晨报副刊》中有梁任公介绍的刘某一篇文说，荀子的性恶论是假的。真假不敢说，而荀子讲礼实在是偏于人为情形。他虽不曾把性恶说出来如刘君所证明，但他偏重人为是显然可见，话里面很富于性恶的倾向。所以礼究是否人为，当然要加以解决。

又冲动问题，有人说罗素主张冲动的自由活泼，与孔子的思想很冲突。因孔子的礼仿佛是屏抑自由冲动的。如粗鲁的人，出诸冲动的行为往往不好，则听凭冲动究竟对不对，罗素让人去发泄冲动，究竟与孔子的思想同否？再者，礼是率真否？我们讲仁，取譬小孩，而礼仿佛不是天真而是一个造作。

以上五种疑问总括如下：

一、礼的仪节仿佛是着重外面的形式

二、礼是作成客观道理去秉持循由

三、礼似乎是人为而非天理

四、礼与冲动问题如何调解

五、礼是率真否

其实这五种疑问也只是一个，姑且答这个东西还是自然的，就是天理，不是人为。不过有人为的嫌疑耳。其实，所谓礼者即是人情的自然要求耳，并不是人情外面假的形式。凡是寻常的礼都是如此。这种动作都是我们情的表示，如分宾主，分长幼，都是情的自然要求。不如此，心理仿佛不适合，我们引孔子的话来证明：

林放问礼之本。子曰："大哉问！礼，与其奢也，宁俭；丧，与其易也，宁戚。"

可见礼之根本即是人情。人有情便顶好，不在许多繁文褥节。孔子所认为不好的，就是情不动。他说：

> 居上不宽，为礼不敬，临丧不哀，吾何以观之哉?

他着重宽与敬与哀，完全在人情。他认为最要不得的如说：

> 巧言、令色、足恭，左丘明耻之，丘亦耻之。匿怨而友其人，左丘明耻之，丘亦耻之。

于此可见孔子是让人率真。凡故为造作，他都不以为然，他又说：

> 不得中行而与之，必也狂狷乎！狂者进取，狷者有所不为也。

他以为没有举动恰好的，还是取狂狷。因狂狷虽不一定合礼，但仍有他**真性情**，故孔子许之。他斥乡愿为德之贼，以彼虽表面的举动不容易使人指摘，但确非真意故也。孔子又说：

> 先进于礼乐，野人也；后进于礼乐，君子也。如用之，则吾从先进。

他以先进于礼很质朴，他宁愿要朴实的，他的态度很明白了。还有一条说礼之来源：

> 子夏问曰："'巧笑倩兮，美目盼兮，素以为绚兮。'何谓也？"子曰："绘事后素。"曰："礼后乎？"子曰："起予者商也！始可与言诗已矣。"

盖以**人情是素质，礼从人情而有**，此孔子所以言绘事后素也。

> 礼云礼云，玉帛云乎哉！乐云乐云，钟鼓云乎哉！

若礼有它根本的东西——真情，则玉帛钟鼓实是情意的一种表示；苟无真的情意，则玉帛钟鼓皆成虚套。

宰我问："三年之丧，期已久矣。……"……子曰："夫君子之居丧，食旨不甘，闻乐不乐，居处不安，故不为也。今汝安，则为之。"

以此更可以看出**礼是人情之表示**。食稻衣锦于心不安，三年之丧乃人情之要求也，我们于此且先提出几个整的意思，再分条去解释。

第一层，所谓**礼者是出于我们的心情自然之表示**，礼的根本所在是在此。孔子所表示之态度都顶看重心情，所以看重礼。

第二层，礼既重在心情，如果心情未到某一地步，也不必要那虚假的礼。**宁不足于礼，不可不足于心情**。礼可简约，心情则不可浇薄。

第三层，然而因**人实有顶好的最对的心情**，它引着我们一言一动一行一止**去生活**，则最对的心情，当**有最对的言动，即是有最对的礼**。本来如此，实在我们"应当"或"不可不"如此去做，以求最对的生活，不应自甘于简约。

第四层，儒家最对的道路，一条路仿佛是**求之于内**（自己之心情自己去用功），一条路是由外影响于内，启牖我们的心情。因有第三层的要求，生出这两条路，如中庸之慎独，孟子之求放心，是求之于内者。由外以感发好的心情，则是礼乐，如一切言动举止照此去做，则能启迪我们的好心情。

上面四层总纲，以下按此去说，或分两层去讲亦可，第一与第二归作一起，第三第四归作一起。

（一）说到此，我们便想起，以前讲孔子生活之乐，说小孩子是一种天真笃实，所谓一片天机活泼，但几乎说他是粗鲁直率，诚然此是儒家的根本，如单是如此，就会不对。**圣人的生活完全是把小孩生活作个根本**。这个意思本极重要，但是忽略了一点，就是仁是柔嫩的心，不是粗鲁直率；又是敏锐的心，哪点适合，哪点不适合，他都觉得敏锐柔嫩的心发出来的时候，自然会合适无微不至，呼吸都是对的。故柔嫩细致的心，在此则事事都非常之有条理，一点不适合，他都觉得，他是超出一个被动的方向以上。所谓被动的方向者如发的时候，他的举动都不合适，呼吸也不对。凡由固定的方向上来作主，都不柔嫩，而为一种粗率了。仁的生活是超乎被动的方向以上，而为柔嫩细致的，处处似乎都是一个优美化，非常熨贴柔和，优美化的言动，就所谓礼乐是也。

我们讲仁的时候，**说仁者的生活是一团和气**。因为他有和乐的心，所以他一举一动无论怎样都是优美文雅。此见之于言辞举动之优美文雅，是从生命之深处发出。生命之深密处，乃是真正之优美文雅，此是礼乐之**根本**。所谓无声之乐，**无体之礼是也**。《礼记》谓礼乐不可斯须去身，此非指玉帛钟鼓，乃指生命里之优美文雅也。孟子云："徐行后长者谓之弟，疾行先长者谓之不弟。"因为不如此，心里便觉得不合适也。**故礼者，都是由柔嫩的心处世接物自然所表现出来者也**。见之于言动举止者是为礼，而贯乎一切。礼节之中者即我们所谓情理也。本来只有所谓主观的情理，但由一件一件表示出来，也可说是许多情理。知道情理，则儒家根本的道理，所谓仁、中和，礼乐便可贯通也。

仁者的生活，我们说过是顺乎生命自然之轨则，那个轨则即是人情、中和、礼乐等是。此是孔家唯一根本的理，我们要解释"博学于文，约之以礼"的时候，则**礼便是指生命之恰好处，即约之以生命之理。此根本之理，可贯通一切**。故孔子曰："女以予为多学而识之者与？……非也，予一以贯之。"颜渊问仁，孔子告之以"克己复礼"，此亦是指无体之礼，生命之轨则而言。**仁者亦即生命唯一之轨则**。我们解释违仁而谓为离乎生命之规则。离开一点便不是生命之理。所谓"一日克己复礼，天下归仁焉"，此条颇不好讲。照我们的意思，则与孟子"万物皆备于我矣。反身而诚，乐莫大焉"相当，即天下一体之意思。对于克己的讲法，从来有两种：

1. 消极的讲法谓之除去私欲；

2. 积极的讲法谓充实申展其好处。

我对于此种解释亦无他意，都觉得好。但最要的，则**礼者不是指仪节之礼，而为生命之理**。而颜渊请问其目，而孔子答以"非礼勿听，非礼勿言，非礼勿视，非礼勿动"。这个非常切实，非常有声威，此亦指生命之理。许多粗的看法，容易误会为非合理的不视听言动。夫非礼之事，你何能禁其不入吾人之眼耳？况不曾接触，又何能知其为非礼耶？！

这乃是说一言一动一举一止，通统要不离开生命之理，此何等着实！我们看孔子有一段话很能知其礼之意义所在。

> 或问禘之说。子曰："不知也。知其说者之于天下也，其如示诸斯乎！"指其掌。

盖禘之礼，为一切的礼之最尊崇者，亦指生命唯一之理，故云知其说者之于天下也，如示诸掌。孔子的许多话总不离乎仁与礼，而仁与礼皆是生命之理，故曰"一以贯之"。

子张问："十世可知也？"子曰："殷因于夏礼，所损益可知也；周因于殷礼，所损益可知也。其或继周者，虽百世可知也。"

孔子何能说百世可知？因明乎生命之理，则所立之礼虽千万变，总不出乎此生命之理也。又如：

恭而无礼则劳，慎而无礼则葸，勇而无礼则乱，直而无礼则绞。

此均非指不合乎礼貌，乃指不合乎人情，即违仁是也。《论语》中有一事实可证知此非指礼貌而说：

叶公语孔子曰："吾党有直躬者，其父攘羊而子证之。"孔子曰："吾党之直者异于是，父为子隐，子为父隐，直在其中矣。"

孔子不许子证父攘羊为直，以其不近人情也。

（二）我们已经知道生命之深密处乃礼之根本。在上第一层意思是说有内容有外表自然很好。第二层意思则说只有形式而无内容则不好，反不如直实率真，形式与内容相符也。《论语》有许多话是表明这个意思的。

> 林放问礼之本。子曰："大哉问！礼，与其奢也，宁俭；丧，与其易也，宁戚。"
>
> 曾子言曰："……君子所贵乎道者三：动容貌，斯远暴慢矣；正颜色，斯近信矣；出辞气，斯远鄙倍矣。笾豆之事，则有司存。"

以上均是注重心情而不注意形式。

> 子夏问曰："'巧笑倩兮，美目盼兮，素以为绚兮'，何谓也？"子曰："绘事后素。"曰："礼后乎？"子曰："起予者商矣！始可与言诗已矣。"

这个意思也是说礼是心情的表示，须先有质而后有文。

> 子曰："礼云礼云，玉帛云乎哉？乐云乐云，钟鼓云乎哉？"

这也说有根本的心情，则玉帛钟鼓都是恭敬和乐之表示，不然则仅有玉帛钟鼓完全是假，因无内质故也。

宰我问三年丧，孔子说"夫君子之居丧，食旨不甘，闻乐不乐，居处不安"都是表示礼文出于心情，以下又说"女安则为之"，可见礼文亦可省略，但是最明显的例则为下面一条：

> 子曰："先进于礼乐，野人也。后进于礼乐，君子也。如用之，则吾从先进。"

大约这个话是对于中国古代文化的一种批评。起初中国的文化是粗野的。到了周代，文物是很灿烂很文彩的样子。孔子则似乎是对于周代很讲求的礼文表示一个态度，就是说形式很好，**苟心情未到，宁可质朴粗野为近于真情也**。

> 子曰："不得中行而与之，必也狂狷乎！狂者进取，狷者有所不为也。"

所谓狂狷者本不合乎中，一偏于积极，一偏于消极，却是他们都有一种好处，即是能表现他们的个性，能率真不虚假也。

子曰："乡愿，德之贼也！"

也许乡愿表面的礼貌比狂狷周到，但孔子则深疾之，以其少真情故也。

子曰："巧言令色足恭，左丘明耻之，丘亦耻之。匿怨而友其人，左丘明耻之，丘亦耻之。"

这种巧言令色的人，孔子所以痛恶之者，因为他们仅有虚的礼文而无内质故也。此外还有许多条表示礼文不要紧，而心情要紧的。

（三）此是说应当把礼文作到非常之好，下列数条可证：

子曰："质胜文则野，文胜质则史。文质彬彬，然后君子。"

第二层是说粗质都可以，但此处则以仅是粗质还不对，必文质彬彬然后成为君子也。

棘子成曰："君子质而已矣，何以文为？"子贡曰："惜乎夫子之说君子也！驷不及舌，文犹质也，质犹文也。"

则以文质通统不能离开，不应苟简。

有子曰："礼之用，和为贵，先王之道斯为美，小大由之，有所不行，知和而和，不以礼节之，亦不可行也。"

（四）第四层可以说完全是主张礼乐，必须去学礼，礼是如何的重要，较第三层更进一步。

子曰："周监于二代，郁郁乎文哉！吾从周。"
上好礼，则民莫敢不敬。
慎终追远，民德归厚矣。

这几条都是主张用礼。

子贡欲去告朔之饩羊。子曰："赐也，尔爱其羊，我爱其礼。"

子贡以为只是一个表样，宁可不要，但孔子则坚决地主张，虽没有内容，仍然要用礼。盖虽形式，有时亦可引起我们的心情也。

> 子曰："兴于诗，立于礼，成于乐。"
> "不学《诗》，无以言；不学礼，无以立"。
> 子曰："君子义以为质，礼以行之，孙以出之，信以成之，君子哉。"
> 子曰："弟子入则孝，出则弟，谨而信，泛爱众，而亲仁，行有余力，则以学文。"

这是说学礼有暇，则学诗。

以上是儒家主张要用礼乐的理由。我们现在用简单的话来说，凡可以改善我们的生活的，普通不外四种方法：

1. 法律制裁
2. 道德家的训教
3. 宗教的信仰
4. 艺术的修养

以上四种各有其缺点。

法律的制裁前已说过，有两大缺点：

（1）太看重外面形式；

（2）引导功利计较的心理，实在法律只有坏的影响也。

道德家的训教，一种极干燥的好话，实在也非常危险。在消极方面，禁止的话，听了反引起他做坏事的心理；在积极方面的好话，往往令人厌听，容易引起反抗心理。看起来还是只有坏的影响。**因为好的行为根本是出于好的心理。心情柔和的时候，他一举一动自会中礼**。但是在发怒时，柔和心理失掉了时，道德的教训并不能引起和乐的心理。宗教的信仰，自然它的力量很大，或者也是利用礼乐而为取胜的原因，但也不免瑜瑕互见。艺术则最少毛病，凡法律、道德及宗教的弊病，它都没有，惜乎力量太薄弱。

照我们的意思，所谓礼乐者，就是**把艺术作成一个很大的力量而已。它从外面诱导我们和乐的心理，使我们常在一个和乐的心理中去生活**，此其功用也。在我们生命的大流中，若在一种鄙劣的心理辗转相资时，其势正猛而胶固，欲使之回复泰然自在的心境很难。此刻用内面的功夫，所谓慎独、毋自欺、戒慎恐惧、养气、求放心等亦殊不易，但是若让他去听音乐，则和乐的心理立刻会回过来也。

上面已把关于礼的几层转折讲了。现在提出一个问题来说，以后再解释前面几个疑问。这个问题即是**婚姻制度**，以为社会里面极重要之一问题。婚姻制度之起源，在经济史观说，与农业工业制度有关系。如农业制度，让我们家族制度发生，并且维系很牢固。所以然者，因需要夫妇去维持生活，因此家族发达起来。但是在工业时代，家庭生活为事实并不需要，几乎有解散的样子。这从经济上去说，婚姻制度的情形与其将来之趋势，固然是事实，我们不是不完全承认，不过用此去说明其起源，似乎有些不对，因为维持生活之必需，仅是婚姻起源之旁因，不是主要的。还有一个说法，说古先王制礼，仿佛为避男女之嫌，分别男女，俾免发生乱交，裁制社会之扰乱，保持社会之秩序，即是制定婚姻制度。

婚礼是为解决这许多困难问题起见。我们觉得这个说法也不过是一个旁面的事情，不是真原因所在。照我们的意思，其要点都是在礼，即人情好郑重、恶随便之自然要求。粗的看法，往往容易以为所谓自由恋爱与婚姻制度的分别，仿佛是一个久暂的分别，其实走恋爱自由之路，也有发生长久关系的。而由婚姻制度缔结之婚姻，也有短时抛弃的。他们真正的分别是在结婚时究竟有没有一种仪式；而离婚时究竟有没有一种手续？是则**婚姻制度之要点即在仪式与手续**。这也就是婚姻制度之起源与其不能消灭之由来。我们所以不承认用经济关系解释者，因它只是旁因。旁因虽变，并不能消灭这种制度也。婚姻制度之起源与要点，其所以不容消灭者，盖以礼也。比如我们的情，在这种所谓两性之好合，是真切，是恳挚，其心理自然之要求，是要求一个郑重地表示，就是这个礼。

我们学院开学时必须要行一个礼，仿佛是说这个长远的工作要开始，我们心里应当对于这段生活看得郑重。本来随便似乎也可以，但心里总是要求此种郑重之表示。婚礼也是如此，为自然要求之一种郑重地表示。我们看人家结婚有结婚礼、拜天地、拜祖宗等等。

其实那个时候，那里管天地神祇，因其出于真切之情之要求，也不暇去理会，只有一个郑重的表示就是了。

所谓先王制礼，不过就人情自然之要求郑重之表示，再使他妥当优美而已。因此，我们不能说礼只是形式，不要繁而为凭空添出者。如以为避男女之嫌而有所谓婚姻制度者，则为凭空添出也。两性的关系，应当自然，是为我们所承认的。但此并不是随便之谓。郑重之表示即是出于真情。要是不郑重，也可说是没有情。人天然愿意有这种郑重而不愿随便，则**礼之起源也，就是好郑重、恶随便而已。**婚姻制度之不消灭及其要点通在此也。

我们由婚姻制度看出礼之起源也，也就把关于上面第一第二两层意思解明了。以下再把儒家主张礼乐的话略为一说。他制礼，如像怎样一个起坐跪拜，怎样一个言动举止，比如一个人，他的情不十分真切，如经过这许多手续，许多仪式，则心里便非常之沉着，非常之厚重，非常之有味。儒家的种种礼，是使人自有生以来，一生都过那种非常绵密、非常有趣的生活。因此他说"礼者所以养生送死者也"。使你一生都有趣味也，因此身心安定。盖人生最可怕者，使人觉得没有趣味也。

这个问题，大意已了，现在再来解释起先提出来的几个疑问。

所谓礼者，看去似不免是外面的形式，然其意在藉此以启发其好的心情，正所以注重内容，不似刑赏只看外面之形式。我们前面所举第二层与第四层仿佛是冲突的，如孔子则"吾从先进"，显然是着重心情，尚质素而轻外面的仪文。第四层如不许子贡去告朔之饩羊，则完全注重形式一说，须凭藉形式以开导其内容心情也。

罗素主张吾人生活要顺冲动。傅佩青先生说，孔子讲礼乐是屏抑冲动。苟如此看去，便完全错误。根本我的生活不是两种势力在那里**争执**，只是一条路才能容我们走。儒家只是让冲动不像物类一样，使他经过一个优美化。我们以前说人心与物心之不同，以人心是仁心，是超本能的。若冲动经由此仁心而出，则自然优美也。本来冲动还是冲动，并没有两样，只是吾人生活中，应有主从的区别。儒家并不是不要冲动，也并不是要屏抑它，他是让它从根本处（仁心）出来。如恕之冲动，不过不使他作主罢了。因本能是工具，不应来作主宰，应居于服从的地位。所谓**礼乐乃是冲动得一个优美化而已**。

礼法出于人为。

为解决社会之困难问题，而非出于自然，此与解释婚姻制度之起源，为解决避男女之嫌者同一见解。照我们的意思，婚姻制度是后来的事情，乃由真情为之先导，就是说礼是出于自然之要求，为一种性善的倾向，而非出于人为，为有性恶之趋向也。

其余疑问均可照上面所说明者去解释。

孝　弟

　　我们讲孝弟与讲礼乐有相关系的话可说。孔子的道理，在中国支配社会差不多二千余年。从西洋思想进来，个性申展之说颇盛，与中国旧时社会的情形颇相反。中国旧时的情形可以说个性是埋没，因此对于个性申展了解的人，自然对于旧时的情形极力加以攻击，因此以排斥忠孝为攻击孔子的要害，说忠孝为帮助社会腐败之势力。此处我们要先申明一个意思，他们把孝弟单看成一个社会生活事用上的问题，看成社会的一个教条。实则本来不如是，他本来也与礼乐一样。

　　礼乐的根本地方是无声之乐，无体之礼，即生命中之优美文雅也。孝弟之根本还是这一个柔和的心理，亦即生命深密处之优美文雅也。可说礼乐孝弟是同样的情形，就是由里面灵活的、自然的心体，到后来形诸外面，成为许多事为（呆定的东西），再往下去，遂成为非常有势力的社会教条，即所谓**礼教**是也。此即由**个人生活本体**问题而落入社会生活事用问题。因此，我们去讨论孝弟不应忽略个人生活本体的问题，而只就社会生活事用的问题去说孝弟是怎样坏，完全以利害为准评也。

本来我们的不对，完全是由于走固定的路子，而离开了自然的道路。如走本能习惯的道路都是。**本来生物是走一个时时要操心、要用心的方向**，但是每有一种走路不用心要省力的倾向。如植物，它似乎是不操心而入于固定的、安排好了的路上走。动物有一定的机能，如许多本能也是如此。生命是如此，社会也像是如此。

社会有许多风俗习惯，成文法、不成文法的规条与夫礼教礼法传统的思想等，通统是硬固的、安排好了的路子。生命这种倾向，在事实上或许是不得不如此，也需走省力的路子，而用精力于别处，因此成了固定的东西。这本来没有毛病，但其结果就很有毛病。他的总病根就是**自陷于麻木**。动物走入本能的路，也就是自陷于麻木的倾向。社会愈靠风俗习惯或传统思想，则愈从一个活泼的而入于麻木不仁的状况。生物的本能与社会的习惯，就本身说很难说它不对，自然积久成为硬固势力很大的时候，也有极明显的弊害，但只是容易不好，容易不对而已。

我们所谓孝弟，仿佛也成了礼教固定的一教条。其实本身怎样不对，并不能说，但成为一个固定东西的时候，成为社会生活的一个事用问题，弊病就由此而生。

须知孝弟是个人生活本体的问题，是生命里面灵活的、自然的一个心情，后来成为固定的路子，成为礼教，大家就忘其本原了。凡事都是一个方向，孝弟也是一个方向。每一个方向，要是顺着往下去，便愈来愈硬固，愈是不好。墨子兼爱是其例也。欧洲社会其所以有个性伸展的倾向，完全是以自己为本位。但是孝弟则含着一个无我的倾向。欧洲德谟克拉西的精神，如无革命必得不到。偏于孝弟这方向走，当然不会有欧洲那种精神。总之，无论怎样好的一个方向，凡有方向便有偏，顺着走下去，自然愈偏。中国的礼教，几乎比法律还利害，成了一个不可抗的势力，此当然之趋势也。

所谓儒家的生活，原本极活泼有趣味，但是经了几千年的结果，成了社会事用的问题，只剩一个僵死的形式，我们于此应持一个什么态度，我们非找着孔子原来根本的地方不可，去根本处发挥，让他活起来，以后才有话讲。

孔子一切的话完全是就个人生活说，我们也应持这个态度。就心情去讲孝弟，自然活泼有兴趣。所谓孝弟这个心，还是我们讲孔子乐的那个心、仁的那个心，亦即礼乐的那个心，亦即所谓一团和气的那个心也。人伦之间，所谓父慈子孝、兄友弟恭者，其实都是一个心，都是那个 tenderness 柔嫩和乐的心，不过见之于事，有各方面而已。我记得《礼记》上说孝子侍养父母有几句话，所谓"有和气者，必有愉色；有愉色者，必有婉容"，此甚可注意也。

现在我们再来讲儒家特别注重孝弟的意思。我们有好的心理，自然发出来好的生活。许多好的生活，亦即许多好的事情。我们最眼前的人，就是父母兄弟的事情。如果对最眼前的人、最当下的事情，不曾弄好，其他的事情也自难说了。我们不愿作好的生活则已，若要作好的生活，则当然从根本的地方作起，从眼前开端。故人的生活，即应从孝弟开端。"孝弟也者，其为仁之本与"，这种生活，真是很柔和很好的心理，仿佛是先把自己化成一团和气，然后把家庭化成一团和气，以至把社会、国家、世界化成一团和气。孔子所谓天下太平，也就是一个心的太平。从事功去说，则仁者的生活自然是齐家治国平天下也包含在内。

然舍孝弟而言仁者事功，实无真事功。旁人的平天下如管、晏、申、商，或许是另一个样子，而孔子的平天下则根本在此。所谓"孝弟也者，其为人之本与"，意亦如是。越过家庭的和气春风而言国际的和气春风，自然作不到。宋明人喜讲性命的工夫，若舍孝弟而言性命的工夫，实无真工夫。离此而言事功，亦实无真事功。或者便是管、晏、申、商的事功，非儒家的工夫与事功也。儒家工夫的开端完全在此一点。《中庸》所谓参赞化育也就在这一点，这点就是全部孝弟的道理，就是孔家所有的道理。这种功夫就是孔家所有的工夫，一了百当的话，如此即是。所谓"本立而道生"是也。有人问孔子："子奚不为政？"子曰："《书》云：'孝乎惟孝，友于兄弟，施于有政。'是亦为政，奚其为为政？"平常人都以为治国平天下才是为政，孔子的意思则使用孝弟把家庭化成和气春风，而治国平天下，亦不过使它化成和气春风，与事功固相等也，何必治国平天下方为政也。所谓人人"亲其亲，长其长"而天下平，意亦相同。

本来我们平常都知道先要把对最亲近的人、最现前的事作好，然后对于疏远的人、社会的事才能作得好。但平常人则每每忘掉了这个意思。所谓生活的真味道只有真情。要是对于家庭的人没有真情，我们敢断言他对别人能有真情么？现在的人从社会事用问题上去主张礼教者，他实不配谈孝弟，实在不曾尝过孝弟的味道。反之从社会事用问题上去诽谤讥评孝弟者，则同一未尝过孝弟的味道耳。

不迁怒，不贰过

现在讲颜子的态度。颜子值得夸奖的，一是"其心三月不违仁"，此在讲孔子仁的态度里，已说过了。一是"不迁怒，不贰过"。这在我们的意思，只是一件事情。这件事是一个最根本的问题。

好人与坏人之无区别

照我们去看，所谓好人、坏人，姑无论好人怎样好，坏人怎样坏，他们并无一个严格的区别。因为我们曾说"仁，人心也"。好人具有人心，自然坏人还是具有人心。所谓坏人者，不过他柔嫩的心发露流行的很少。然而即使穷凶极恶，他的真心有时仍旧发现；所谓好人者，不过他的真心时常发露流行而已。

但是孔子、颜子与好人坏人便有区别，他们的区别只有一点，这一点就是所说的根本问题。人无不知谦恭很好，坏人（其实此名词是不对的，有毛病）他并不是不爱谦恭，只是很少如此发露而已，尤其重要者是要注重这"很少"的少字，无论如何少，仅少而已，并非绝无也。所以说好人与坏人不能绝对化，因为他不能自成一个样子，自成一个范围。平常所谓好人者，不好的时候亦常有。

实在说，好人很少有靠得住的。我们自己觉得自己种种劣点时常是与旁人一样的。有谦和的人时常有不谦和的时候。人很容易不谦和，很容易不好公平，很容易不检点，很容易不慈爱，不过我们不知道。我们说一定不作贼，其实也很难说，只要这念头发露的时候，其实已等于作贼。故好人与坏人没有划然的鸿沟，仅是发露分量之多寡而已。我们常说好人是天性厚，因天性厚，故时常照他们的心去发露，他的天性的力量很强，发露时固多。

孔子颜子与好人坏人之真区别

我们自然的要求，无论何人都要求好的行为，好的生活，总愿意生活常好，生活常对，总不甘心作一个偶然发露流行。好人坏人无论他发露分量的多寡，仍是一个偶然发露流行而已。因他们都拿不定，所以都**靠不住**。所谓孔子、颜子与常人的区别，没有特别的地方，只是生活**常好常对**而已。他告诉人作生活本不是一个特殊的生活，仅是一个寻常人的生活。我们的生活本来是对的，本来是和乐的，是很难常常对，常常和乐。因此去想法子使他常常对，拿不定的，想法子使他拿定。照平常人说似有两条路：

（一）**养成习惯的办法**；

（二）**求仁**。

如谦恭是好，便去养成谦恭的习惯；公平是好，便去养成公平的习惯。这个办法，有许多哲学家、宗教家、教育家，都有这种主张。但孔子的生活之学却不如此。不是去养成习惯呆板的路子。**凡是一个方向成为固定，遂致麻木不仁。**一走入习惯的路子，就成为没有心的动作。如谦恭成为习惯，一则当谦恭而失掉内容，仅成形式；一则不当谦恭而仍谦恭，则应付失当，无一非入麻木之路也。

但**孔子他怎样令人生活常对，就是求仁。养成习惯，则愈来愈死板，求仁的办法则愈来愈灵活。儒家让人改善生活之路，就是让人心常常在，常常活动自如，敏锐易感，则生活便统统都对。人心自正，人心自明。只令他常常自正自明，常常在此处就得了。**怎样令他常在此处的话，在后面去讲。此处只简单说怎样令他常在就是学。孔子"吾十有五而志于学"，《中庸》、《大学》之所谓"慎独"所谓"戒惧"，宋明人之所谓工夫，就是这个**学**。孔子与颜子和好人与坏人之区别亦即在此。儒家只是有学，常人无论怎样，则无生活之学。指点生活之学，让人常常好，不是偶然的好。这种让人常常好、常常对，但总是要求此时常好、时常对的走下去。我们所谓生活之学，不是养成习惯。因之说到有一种工夫。

一说到工夫，平常人往往容易误会是要如何如何。有许多的作法，有许多的工夫，如何去用力，如何去用功，此是一个大障碍。所谓**工夫，不是在我们生活是如此之外格外用力**。我们先要了解人心本来如是，本来是人心，本来是仁。一刹那，两刹那，十年百年，莫不如是。所谓工夫，就是让他连着如是，这是**不懈**。不懈就间断了，一用力又如孟子所谓助长了。**常常如是，"我们本来如是"，就是仁，常常如是生活，就是仁者的生活。**

我们要更明了，再举一个事实指给大家看。

譬如狎妓，自然这个行为从种种方面都可以见出他是不仁。但是他是如何成功这个局面，有人说是环境的关系，因为此地有娼妓：苟此地没有，决不至成功这种行为。又有人说，因为他有钱，没有钱的人决无力去狎妓。又有人说，他有余暇，以至其他种种。我们承认，但只承认他是客观的缘法，不是真因。凡具有此种条件的人，不一定就去作此事。这些缘法只有凑成此事之可能而已，并且还不是重要的缘法。有人说，人有性的本能，我们自然承认这是具有很大的力量，但还是缘法，不是真因。人皆有性的本能，人固不皆如是也。有人说个人的嗜欲重，不甘清淡，这也只能算作很有力量的缘法。又有人说他不但有性的本能，而且嗜欲重。又有人说社会的习惯，把此事看得寻常，不以为非。凡此种种，我们可以指出许多，但都是一种缘法，于此我们可以把他大致分别为三种：

一、**环境**；

二、**气质**；

三、**习惯**。

如性的本能，嗜好先天的遗传，一地的国民性等，都归入气质中。宋儒很有许多说气质之性与义理之性。我们所说的气质与宋儒所用之意义不同。我们所说的不是含有身体物质的意思，是先天的习惯。说到习惯，似应当归之于后天，与先天有点冲突。其实不然，如性之本能嗜欲等，就其与生俱来说，他是先天的。

所以谓之习惯者，因为那些东西通统是在生物演进中，经天然选择保留而慢慢养成为安排固定的路子，他不是真的先天，是一个假的先天，旧的路子旧的方向，故名之曰先天的习惯。凡似乎是先天而为固定的方向，统名之曰气质。外如家庭、学校、社会之薰习，个人之习癖，凡后天得的一切东西都是习惯。一切家庭、学校、社会、国家、地理、民性等围绕吾人周围者，通是环境。此三种东西都不是因，通是缘法，都是一个已成的局面。当下**有这种行为，不是已成的局面能让他如此，它只能让他容易如此，其主因则在新，新的因子就是当下。**

狃妓的行为发生，就是这当下的昏失。人心本来清明，他本来知道好坏。当他真知道的时候，决不会有狃妓的事。**昏失的时候就是堕入气质、习惯、环境的时候。**这时心不自主，气质、习惯等便占了他的心，出而作主。若当心清明时，气质、习惯皆居于服从的地位。

心何以会丢掉，会昏失？主因就是懈。不懈不能有这回事。我们**发生坏行为，真正的因既是懈，**则所谓**工夫自然就是一个不懈。**这实在无处可以用力，用力只是在不懈。我们为气质习惯所困时，我们想要心作主，不应当在气质、习惯上用力，只应当在不懈上用力。**一切问题发生通由于懈。**气质、习惯等是已成的东西，于当下并不为害。用功只是在当下，只在此新的因子，就是在**当下的不懈。**

我们一时堕入气质、习惯中，因此我们的心就不柔嫩，不清明，而成为硬的方向。虽有许多不好的环境，若未堕入气质、习惯中，则去作那种坏事，心里总是不安。人为坏事而不觉不安者，盖已陷入固硬的方向矣。堕入硬固方向之时，就是心昏失之时。从前讲仁的时候，曾说当下的找和昏失以及气质、习惯，仅是名词的不同。我们从消极方面说，就是懈，就是昏失，亦即是堕入气质习惯之中。从积极一面去说，就是当下的找，一为负面，一为正面，统是一回事。气质、习惯、环境，虽然很有力量，但无绝对的力量，而主因完全在当下的找，当下的懈。有此主因，而缘才来助成之。

照我的意思，**一切行动主因**完全在当下。人因为冲动去作不好的事，苟冲动消去，心即知悔而遂不为。他的转机亦全在当下，从懈中有警觉而不懈，当转变时，也有气质习惯去助成之。亦非异是此心也，气质习惯本身并不是不好的东西，走对的路时也还是靠它，但不要为它所支配则得了。在不对的方向，气质、习惯、环境的局面如此，但在知悔的时候，而气质、习惯、环境之局面仍是如此，故此三者并非有关于转机。而转机则完全在当下。**苟常常不懈，则可以为完全对矣。要不堕入气质、习惯之中，最要者即不迁怒，不贰过。**本来怒是从争斗本能来，在对的生活中，并不是不怒，喜怒哀乐人孰无之，以怒之冲动与性之冲动，是人生顶有力量、顶硬固的两方面。果使人堕入其中，便要被它拴得非常之紧。

大程子《定性书》也说制怒顶难。我们知道怒是气质中最硬固的东西，要不堕入气质、习惯中，则顶好能不迁怒。其余更不能为害矣。当怒时，我们的心装入那个硬固的方向中，则于作第二件事，往往似乎回不过来。故当怒而怒，怒即冰释，乃是不懈。不当怒而怒或怒之又迁，此即懈也。便是真功用，不迁怒乃是最"好学"。此颜子所以值得孔子夸奖也。**果然是一息不懈，可以说是完全无过，不会有过。**

"不贰过"则正与"好学"两字相称。但"不贰过"有两层意思：

一是知过。

知过非常之难，根本问题是在此。我们平常做了许多错事，我们往往不知道。若有错即知，这个知道也就是不懈。诚然有过就是懈，但刚一懈就警觉，正足见其不懈。

一是改过。

知过后便不再有过，就是所谓一息不懈，所以说过而能改不为过矣。

颜子"不迁怒、不贰过"，在讲生活之学，真足以值得夸奖也。此与夸奖颜子"三月不违仁"完全是一件事，就是有很长的时间完全不懈，超乎气质、习惯，常在生命之轨则上走，不预先有一方向，此谓之中；发出来则谓之和。要中和，则昭昭不懈。

天　命

　　《论语》上有几条讲天命，如孔子"五十而知天命"，"不知命，无以为君子"，"君子有三畏，畏天命……"，"道之将行也与，命也；道之将废也与，命也"，"天生德于予"等。这许多话都是。

　　我们先问：天命是什么？本来可以说，天命是没有很深的意思。我们看"孟子答万章"的话，问"尧舜传贤、禹传子"说："天与贤，则与贤；天与子，则与子。"其解释天命重要的几句话就是："舜禹益相去久远，其子之贤不肖，皆天也，非人之所能为也。莫之为而为者，天也；莫之致而至者，命也。"

　　所谓天命之意思，似乎不须旁的深解，我们说天然就是表示非人为，我们若要去指实，就是宇宙大的变化流行。这大的变化流行直贯注下来，成功如此一个样子，此实"莫之为而为，莫之致而至"也。

天含有一个自然的意义，命则含有规定的意义。我们看《孟子》，很有几条常以性命对举，义亦如此。比如我生此世界，恰好又生在中国，恰好又生在北京，此天也命也。这个大的流行推移而成功此局面。指自然而已定那一点，谓之天命。假如要去明白这个意思，先要知天然与人为是对待的意思。如果要去追求，则人为似亦包含在天然之内，虽本难分，但并非不能对待。因为所谓天然、人为，都是一个倾向，一个意志，心中仿佛能了解那个意味，但一按实就没有了。

宇宙间一切现象，通是意味，一按实就成死的，都没有了。不按实而顺着倾向意味有一种理会，则一切都有。所谓天然人为，一切皆活。

"我生在今日是自然"这话，不单含着偶然的意思，也不单含着必然的意思。换言之，也可说含有偶然的意思，也可说有必然的意思；或可说不单是必然，不单是偶然，没有一刹那的事不是偶然，通是偶然；没有一刹那的事不是必然，通是必然，因为没有一刹那不是从此开始，这就是表示非必然。同时没有一刹那不是第二步，即是表示非偶然。

我们讲玄学与科学，说机器的轮动，则挨次都摇，这些都是第二步。什么是第一步，就是我的意欲。凡是第二步，都是表示必然的，唯开头不是必然的。我们的生命没有一刹那不是从此开头，也没有一刹那不是第二步。故单看偶然或必然都不对，也可说是非偶然或非必然。我们已经生在此世界，算是已定，这就是命。要是去分开说，也可分三层：

一、已定的具体事实；

二、已定的抽象法则；

三、在事实与法则间所含的趋势，虽然是一个趋势是将要怎样，却是一个已经将要怎样，仍属已定。

以上三层可说是一回事。宇宙实无具体的事实，只有法则。事实不过是没有看清楚之法则。进一步说，宇宙只有趋势，实没有法则，因每一个法则通是一个趋势。故宁说是宇宙大的流行之一趋势，从很远一直贯注下来，成功如此，无可转动，这就所谓已定。但只有一点是未定，就是当下之一念。除此外，统是已定。此时我当下之一念未属于已成，是一个未定，但未能发出表现。有所成就，不能无凭藉，不能不要缘法，愈往下愈需要外面的条件。愈靠外，则愈是一个被决定。外面的局面，似乎有两面，一为顺的好的机缘，一为逆的不好的机缘。故当下之念虽未定，而其结果总是被决定。如求学不求学，这不是天命，但成功不成功，则是一个被决定。因需要外面的条件。故愈就外面来说，则愈是被决定，故曰有命也。

我们说发动是在我们自己，而其结果则为宇宙大的流行，顺逆的机缘所决定。如我们用功是在自己，而因身体健强与羸弱的关系，能不能让我们用功，也就是有命。所以为不为在自己，而成不成则在天。所谓"道之将行也欤，命也！道之将废也欤，命也"，因必需要外面之条件故也。

再扼要说，发动是未决定而发出之结果，则为被决定也。一般人之心理往往有一个毛病，有许多浅薄的科学家也如此，他自己主张机械的宇宙观或人生观，同时听着"死生有命，富贵在天"的话，又说不对，以为完全是人为，此实自相矛盾。机械的宇宙人生观，当完全承认是被决定。"人为"二字，在机械观根本上用不上。

我的意思则非是，发动是未定，而发动的结果，则为被决定，既非必然论，因其为不为在我，又非偶然论，因发出则必须外面的条件。浅薄的科学家，一面陷入必然论，一面又陷入偶然论。我们了解宇宙一切都是一个倾向，便知既非必然，又非偶然了。此倾向将要怎样，乃是非必然，继续事实发现，则非偶然，所谓天命者尽于此耳。

知天命——这个"知"字很重要。并不是知道我的学问、成功不成功叫做天命。其实大概也不过如此，但不足以表示这个意思。要了解知命，最好去看不知命。不知命有两种：

一、**有一毫侥幸成功的心者**——是一个偶然的宇宙观；

二、**有一毫听天安命的心者**——是一个必然的宇宙观。

上两种也可说是一种。我们从枝节方向去看是错，而根本是这种态度不对。这种态度都是**私意**，都是**懈了**。若听生命自然流行下去，根本上没有这两种心理起来。此其中尤重要的是听天由命与知命之不同，我们也不必分辨二者之不同，只要知道真正的听天由命就可以清楚了。实则能知命，方是真正的听天由命。平常怠于作为的，所谓听天由命者非真正的，根本只是怠惰苟且。要他心里不安而不得不前去奋斗的人，才是真正的听天命。故真正听天命的人，就是最尽自己心力的人。我想求学而自己等着，已明明不是听天命了。我感觉着要求学，便去用心求学，这才是听天命。此与为己、求己、非功利等态度，都是一回事。所谓私意，人为侥幸成功，听天由命，通统不是顺天然也。

所谓知天命者，知只是一个通达，仿佛是通于天命，是与天命不二，与大的流行合一。不知命是与大的流行分开，是对待的，是把宇宙打成两段。顺天然则与宇宙流行合一。所谓为己，看当下，通通是与天不二的态度，只有此时是一个绝对，他不离开这里，而一直流行下去，不曾把宇宙打为两截。《易经》所谓"仁者无对是也"，这才是真正的听天安命，即是尽己，无方向的自己努力。《孟子》所谓"穷理尽性以至于命也"。但《孟子》常以性命对举，其详俟后面说明。

现在再把以前照顾几句。

一、须了解天命，是非必然非偶然的意思。

人之所以误认，恐怕都是把宇宙是一个大的倾向的意思，单分出一面去发挥，单看倾向，是有力量于下面事情者，便成功一个必然论。单看下面事情总是未定，便成功一个偶然论。本来倾向是偶然的，就全体来说，则非必然论，亦非偶然论，因是倾向，无论怎样有力于未来，而未来毕竟是一个自己发动。我们说没有一刹那不是开头，同时，没有一刹那不是第二步。就开头说，则没有一刹那不是因，同时，就第二步说，没有一刹那不是果。旁人也有同时为因、同时为果的说法，其实则只是果。要其间没有矛盾，必须照我们这样的说法。

二、须了解普通所谓听天由命不是知天命。

虽成功不成功在天，而为不为究属在我。我们要发动才有被决定，才有可能。若根本不为，则何有被决定可说？听天由命，是要我们尽力去为，而成功与否，则听诸天之谓。若然不去为，只算是听之于我。所以听天由命的人，就是最尽力去作的人，他把顺的机缘都算是享受过，这才是真正尽了天命。若不去作为，顺的机缘他并没有承受过，只可谓怠于作为而已。

故真正知天命，必须如颜子不懈的工夫，由常以至于熟，无一毫私意，无一毫间隔，仿佛领着宇宙大的流行前进一样，这一条路就是非功利的态度。所谓非功利者，就是说与宇宙变化流行一致。

而功利派就是把宇宙打成两截。有非功利者之知天命，而功利派则自然要主张非命了。因为一派的动机放在内面，顺其当下之所感，而一派的动机则放在外面故也。

结　论

我们以《论语》为根据来讲孔子，算是讲完十三条，里面每一条与其他都是相连的，也可说只有一条，通通只是一个意思，并没有几个意思，所以不欲于十三条讲完后再说一篇总结。此后接着孔子要讲什么，却是一个问题。本来颜子极为孔子所称道，要是颜子有部著作，我们便先讲颜子，无如他竟没有著作。清代有一个人，虽曾将颜子的事实归集在一块而成为一部书，但亦未见可靠。此外，《大学》也不知是否曾子所作。总之，研究孔子以后的儒家，确有几部书可凭藉者，为《大学》、《中庸》、《孟子》、《荀子》，但先后的次序，我原无成见。

我的朋友王君平叔说：“《大学》似乎可放在前，其次《孟子》，又其次《中庸》、《易·系辞》。”他这种看法，因为孔子在他自己很少说许多高明的话，所谓形而上学，他很不愿多说。在《论语》中，这态度很明显。如子贡说：

"夫子之言性与天道，不可得闻也"，"子罕言利，与命与仁"，及答子路"未知生，焉知死"、"未能事人，焉能事鬼"等均可见得。到孟子，则讲性命很详细很深妙，而《论语》则并没有根本的讨论，但孔子："予欲无言，天何言哉！四时行焉，百物生焉，天何言哉！"他对于形而上学，似乎很通达的样子。但愈通达，愈觉无话可讲。其后如《中庸》及《易·系辞》的道理，自然也是儒家的道理。而孔子关于此则很不想说。《论语》讲仁时虽是多，但也并非道理，只是就生活事实去指点而已。因为只就事实说，所以很零碎，似乎与仁不相干一样。恐怕孔子的弟子因为没听着对于仁深细的说明，故曰"罕言仁"。总之，他对于深妙的道理极不愿说，这也是关于态度方面。

还有关于问题方面的，在《中庸》及《易·系辞》上面所说的问题，似乎在孔子时没有可说，孔子以后，其他思想很复杂。当时各人对于政治社会均各抱一种思想，欲去解决整理，自然儒家是一个非功利的态度。而当时思想与之冲突者，则为墨家、法家。两家的政治论既起，故孔子以后的唯一问题就是政治问题。

《大学》就是专对于这个问题而发。其政治主张则一为所谓"齐家、治国、平天下"者，一是修身为本，而修身则在"正心诚意"。他的主张不像墨家、法家从外面去治人，而乃为自治的。

《大学》对于"齐家、治国、平天下"所讲甚详，而于修身之根本，所谓正心、诚意、格物致知，颇少讲的，均为对问题而发言之故。此后，则由政治问题转入修身的根本问题。故《孟子》则多言性命，而《中庸》、《易·系辞》则致力于心性之讨论矣。我们由孔子不愿谈玄学一面，与夫问题未到一面看来，则孔子赞《易》之话似乎不确，所以固问题之追究及思想之变迁看来，则《大学》应在先。

《大学》既专为对付政治问题。故正心、诚意等不提出，尤以性命的问题，几乎全不过问。在《孟子》方对于玄学上的问题则加以讨论矣。《论语》对于这些问题，只讲其当然，而《孟子》则讲其所以然。故在孟子时，一方面自然是把心理分析得很详细，而在他方面——如生活的工夫，为大家所未详讲者，则尤无加以讨论。政治方面，其非功利之色彩亦特别鲜明。

《中庸》与《易·系辞》仿佛是同时代，观其特出之思想与其表现之天才，似乎是出诸一人之手，为一大玄学家。我们看《孟子》之讲性命，差不多不是对外而发，都未指事实来说。而《中庸》开头就说："天命之谓性"，关于玄学上之问题，加以长篇的研究，似专对外来讲。观其思想，是在《孟子》以后。但《中庸》与《易·系辞》究为何人所作，尚难指定。

这种看法也许对。其实也应先讲《大学》，再讲《孟子》。但我仍先讲《孟子》，至于以后的《荀子》也许不讲。因为我们曾说：先讲儒家的正面意思。稍为不同的方面，如荀子、董仲舒一流人，俟以后再定。

七、孟子

孟子的议论很多，为我们研究方便起见，把他分成四部分：

（一）政治

如与农家许行的讨论等，此刻不想讲，欲暂为搁下。

（二）态度

他有许多态度，如礼、孝弟、乐、仁、看自己、天命等，是与孔子相同的，都不再讲，但有与他关联时，也可少讲。关于乐如他说："万物皆备于我矣，反身而诚，乐莫大焉。"关于天命，如"莫非命也，顺受其正"等。

（三）心理的观察

他讲心理观察的话很多，如讲人的四端，与告子讨论性德问题"食色性也"、"义理之悦我心，犹刍豢之悦我口"、"夜气"等，差不多近三十条。讲性常以性命对举，盖命亦含于心理中也。

（四）生活之功夫

这也是一大部分，如讲养气、存心、养性、求放心等，差不多二十几条。

我们现在要讲的，就是第三、第四两大部分。

在未讲以前，我们先略说孔子与孟子的不同。其实并没有什么不同。因为每派的思想，他的中心地方，全在那个方向。不过有时方向虽同，但因特种关系，其中也可见出其说话之不同耳。故与其说是不同，不如说是不过加以推绎。因为既曾加以推绎，仿佛看去就不同也。

如孔子说仁，孟子则加一个义进去，似乎不同，其实亦不过就仁加以推绎而成立义的观念，并非新创也。因为孔子时，功利派尚未自成学说，不须应付。孟子时，则功利派兴，不得不提出义的观念以应付之。

我们就大体看去，孟子与孔子并不是不同，实可说是更同。因为孟子把原来儒家的意思加以推绎，加以引申，使儒家的态度更为显然，色彩更为鲜明。他对于政治，则提出王道之说，这个名词在《论语》似乎没有，实则此意已包含其中矣。性善之说，《论语》亦未讲到，但我们讲孔子的态度，则性善的意思已跃然可见。说是非不是一个客观的道理，而为一个主观的情理，是非只能在好恶上见。我们讲孔子的"仁"和讲"毋意、毋必、毋固、毋我"时已说过，这是一个意味。孟子之言义内非外，亦同此意。在孔子时，没有人深谈功利去发挥主张，所以似无言义之必要。孟子时，功利之说兴，因此提出一个义字来对待说话。政治上霸道之说盛，因之又不能不讲性善论。

其实这些态度都是儒家原来所有，不过就其原来之方向加以推绎耳。故儒到孟子，态度实更为鲜明，对孔子的态度并没有变化也。

人类心理之观察

这一条本来有三十多条之多，但所讲的也不外下面三个问题：甲：性；乙：义；丙：命。

这三个问题都相连带，并非可各别划分的，现在来讲性善的问题。

甲、性

寻常人都知道孟子是讲性善的，似乎在他心里毫无疑义。但性善是如何讲，并不容易懂，其实也很容易懂，不过平常人说性的时候，含有许多错误，如把错误指明后，也自不难懂，故要说孟子的性善论，必须把这三个地方弄清楚，如果清楚了此，则这个问题便迎刃而解。否则虽经过千万年，许多哲学家去讨论，亦终无头绪耳。这三点即是下面三个问题：

（1）性是何所指；

（2）善是何所谓；

（3）说话者之立足点何在？

说话者之立足点

这第三点本应放在第一点，所以我们先讲此点。有人说人就是一副心理，实无所谓善恶。这种说法，我们也承认，但是要申明一句，如我持一个静观的态度，从旁面去看人的生活，不拿主观来说，则人的心理自无善恶之可言，因为他就只是一个生生灭灭，就是这一个变化流行。我们就事实去说，用客观自己之存在去说，真是毫无善恶可讲。但我们应是一个非静观的态度，不是想要知道客观事实是如何如何，所说的善恶全是主观的评价，权衡完全在我，不是静观，而是非静观。纯静观则完全无所为。一说到评价就是非纯静观，不是一个无所为。故我们的立足点是拿主观作中心去评价，不是叙述客观的事实，若不把定此点而就客观去说话，则非乱不可。

性是何所指

孟子所说的性善，差不多全被人误会。最大的误会是把所谓性看成一个已成的呆板东西。所有死板的东西，呆定的局面，他的善恶好坏，通统是已然的。孟子他却不是如此，不是一个已然的看法。如果指一个死板的东西说，无论主张性善或性恶，或非善非恶，或可善可恶，或善恶相混，或性有三品。无论说一个什么都站不住。因为既是已然，如果说是好，则好者不能变坏；如果说是坏的，则坏者又何能变好？如一幅画是好，则始终都是好，就没有坏的可能，因为它既是已然的好，你就抛了许多墨污在上面，此画仍是好，不过把它糟蹋而已。反之，如画是不好，则从此即是不好。既已决定，亦再没有好的可能矣。孟子所说的性善，不是已然的善，不但不是已然的善，且不是未然的善。

故一则非已然的善，二则非未然的善，而只是一个将然的善。将然的意思很容易误会成一个未然，故说非未然，就是说现在就好，因为他的善好像是未然，但是现在就向着好是将然，就是现在一个倾向。故性即是指现在人性的倾向。这个倾向即是善，不但圣人是性善，即暴虐如桀纣亦是性善，就是说人人现在的倾向是善，现在就是，故不是未然性善，是彻底彻终的没有人不是性善，因人人的倾向是如此。因为说他是一个倾向，故说他是将然，将然并不是未然，将然即是指性，即指此活的倾向也。若指定一个呆板的东西，无论怎样主张，都不能贯彻到底，对于旁的方面，都不能解释也。其实生命本来是一个活的倾向，始终是一个将然性善，即是始终是一个将要善。

以上是我们讲孟子性善是如此说。现在再拿孟子的话来证明，并且我们讲孟子先讲一句总话，就是孟子一谈到人类心理，即要说扩充的话，顺性的倾向往下走，就是扩充也。

> 牛山之木尝美矣，以其郊于大国也，斧斤伐之，可以为美乎？是其日夜之所息，雨露之所润，非无萌蘖之生焉，牛羊又从而牧之，是以若彼濯濯也。人见其濯濯也，以为未尝有材焉，此岂山之性也哉？虽存乎人者，岂无仁义之心哉？其所以放其良心者，亦犹斧斤之于木也，旦旦而伐之，可以为美乎？其日夜之所息，平旦之气，其好恶与人相近也者几希，则其旦昼之所为，有梏亡之矣。梏之反覆，则其夜气不足以存；夜气不足以存，则其违禽兽不远矣。人见其禽兽也，而以为未尝有才焉者，是岂人之情也哉？故苟得其养，无物不长；苟失其养，无物不消。

这都是说，**性是指有善的倾向，而非指呆板的东西。**

告子曰：“性，犹杞柳也；义，犹桮棬也。以人性为仁义，犹以杞柳为桮棬。”孟子曰：“子能顺杞柳之性而以为桮棬乎？将戕贼杞柳而后以桮棬也？如将戕贼杞柳而以为桮棬，则亦将戕贼人以为仁义与？率天下之人而祸仁义者，必子之言夫！”

告子曰：“性犹湍水也，决诸东方则东流，决诸西方则西流。人性之无分于善不善也，犹水之无分于东西也。”孟子曰：“水信无分于东西，无分于上下乎？人性之善也，犹水之就下也。人无有不善，水无有不下。今夫水，搏而跃之，可使过颡；激而行之，可使在山。是岂水之性哉？其势则然也。人之可使为不善，其性亦犹是也。”

他说水有一个倾向，是一定的。性之倾向善，亦犹水之倾向下耳。告子说生之谓性，性本含有天生来就如此的意思。他说这个话，原无大错，其病就在**看性成为死的局面，看如此就如此，他并不留意那活的倾向**。

公都子曰：“告子曰：‘性无善无不善也。’或曰：‘性可以为善，可以为不善，是故文武兴则民好善；幽厉兴则民好暴。’或曰：‘有性善，有性不善；

是故以尧为君而有象；以瞽瞍为父而有舜；以纣为兄之子，且以为君，而有微子启、王子比干。'今曰'性善'，然则彼皆非与？"

这些毛病，都是看性为呆定的局面。所以孟子说：**"乃若其情，则可以为善矣，乃所谓善也。"** 这个话，或有旁的意思，我们不容易懂，但很容易知道的一点就是 **"可以为善"是指倾向说。**"若夫为不善，非才之罪也"，这"才"也是同样的意思，是一个将然，不是就已成说，所以下面说"求则得之，舍则失之。或相倍蓰而无算者，不能尽其才者也"。"才"是说可以成就一个什么面目的那个东西。这个东西是什么？就是倾向。能尽其才，就是顺那个倾向；不能尽其才，就是不顺那倾向。然则此话与所谓"可以为善，可以为不善"的话是否相似？其实不是。他们所说是没有倾向，**我们所说的是有倾向。虽然是说将然，却仍是已然。因这个倾向是现在有的，**"若夫为不善，非才之罪也"，即非其倾向是如此。"口之于味也，耳之于声也，目之于色也，四肢之于安逸也"，都是指倾向而说，**人心之于仁义亦然，这种倾向就叫做性。**

天下之言性也，则故而已矣，故者以利为本。

此条我当时以为他是对外面的话。朱子说故者是已然之迹，即我们通常用故字为所以然之意。这两个意思都是一样，即一从如此以推又将如何，一从现在如何以推以前的**局面**。所以故字很有意思。故即**孕育未来之已然，即将然之现在**，什么情形是如此，倾向是如此。老实讲，没有已然不是孕育未来，不过我们去看，有时单看已然，有时单看未然耳。朱子训利为顺利，以利为本，即是顺着去求也。下面所恶于"智者为其凿也"，就是不要认死局面，要认他是倾向。其所有死局面之认定，完全由于凿。他的意思是要智，不要凿。智本来是好的，但很容易凿。

我们说性是倾向，是很粗浅的话，于此有两个疑问，应当辨明：

一、**我们说性是倾向，因倾向是善，故说性善**。但我们看世间，知道有许多不好的事，有许多不好的人，往往不好多过好的，这岂不可说人也有一个容易不好的**倾向**？如果如此，则岂不等于告子"可以为善，可以为不善"的话么？于此不加辨明，则性善说实不能成立。其实这也并不难明，若了解了善是什么，便易解释。

二、**我们之流于不好**。孟子往往在他的比喻中，有归之于外的**样子**，如水之就下是其性，往上则为搏激所致。牛山之濯而归之于斧斤之伐，牛羊之牧。又说富岁子弟多赖，凶岁子弟多暴，他都归之于外。但归之于外，很有疑问。我们说人类到全体都是内，不能在外去找原因，岂不是仍须归之于内吗？若归之于内，岂不是人类是不好？再进一层说，岂不是人性是不好？

（一）人有恶的倾向的解释——

我们对此问题去说的时候，意在是要说恶不是一个倾向。但是，我们开头不如此说，我们且承认他是一个倾向，但这倾向非是所谓性。我们说一个性，自然是一个倾向。性也是本性的意思。恶几乎也可说是倾向，但不是本性。我们就倾向是本性，来指给大家看生活是以活动为性，不以静为性。但我们生命有一种倾向，容易陷于固定的，即是一个省力气的路子。如植物之固定不动，及人类靠风俗习惯去生活，都是走入固定的路子。

生命本性是活动，是努力，是要用力气，却是一个死板的倾向，有流入于呆定的倾向。所以我们承认恶是一种倾向，却不是本性。因为生命是以努力为本性，虽有流于昏昧之时，却非其本性。我们不要把善恶看成一个东西，在快乐说者，就快乐说来下解释，在功利说者，又以功利说来下解释。类此虽有许多新的解释，通非孟子之意也。

善是何所谓

善恶在孟子的解释，也非常的简单。即**可欲之谓善，可鄙之谓恶**。所有的善——可爱的活动是从何来，我们不得已说这句话，就是由有生命的时候发出来，再另说一句，即生命强奋的时候发出来的。所谓恶，就是生命缺乏时候，即吾人偷懒的时候发出来的。当生命强奋时所发的活动就可爱，当生命偷懒时所发的活动也就可鄙。我们说恶是倾向而非本性的，因生命以强奋为本性，而非以偷懒为本性故也。生命偷懒即是生命缺乏的时候。偷懒缺乏都是后来有的，而非本性。没有生命时，才有不努力。正有生命时，没有不努力者。故不努力不能归之于生命，即恶不应归于本性，所以谓恶几乎是一倾向，而非所谓性也。孔子说："道二，仁与不仁而已矣。"所说生命强奋即是仁，所谓偷懒即是不仁也。世间种种不同，要不外此二种而已。我们说敏锐是本心，则麻木不是本心，麻木即仁心之缺乏，有仁心则不麻木。根本上所有偷懒、不努力、省力气等等，通是负面，没有自己。我们说恶是善的负面，它不但不是本性，并且不算是个倾向。倾向是积极的，而恶则是消极的，故不能算是一个倾向。如动是倾向，而不动不算倾向也。积极是要怎样，而消极则不要怎样，是要没有，即没有这个"要"也。故恶是没有自己而为善之缺乏，故善恶非对待之物也。

（二）人之流于恶，应不应归咎于外之解释——

　　孟子对于此事，仿佛有归咎于外的意思，在我们看去，似乎不应归咎于外。持机械观的人，他看恶是**不负责任**的，都是**不由自己**。我们不是持机械观的人，则作恶似乎不应有所诶责，**归咎于外**。再则，就一人说还有所推诿，但就全人类说，则所谓恶者，亦当然无可推诿。然则作恶究竟应不应当归咎于外？说到此地，我有一个很重要的醒悟，很值得留意。就是无论一个怎样的恶人，他作一种怎样穷凶极恶的事，与他作一个极小的错事，说一句鄙陋的话是一样，完全是一样，表面上虽是极恶，但与我们说一句鄙陋的话的内容，其情形完全相同。我们的意思，不是把小错扩大来说，而意在说穷凶极恶他之所有彼，与我们说一句鄙陋的话之所以有此，就本原上说，所负责任完全相同。他的穷凶极恶诚然是无可推诿，然而他实不负有更大责任，顶要紧的一点就是同归于一个忍。

　　忍——我们在柔嫩的心情当下，实不愿意说一句鄙陋的话，但说的时候，实在是一个忍。这忍与恶人作一个穷凶极恶之事之忍，完全是一样，二者同出于忍。忍就是不好，并无所谓大小也。但是何以小错与大恶其程度上之相差如此其巨耶？老实说，这完全不由他自己，这个恶之大，完全要归咎于外，他的忍与我们的忍完全一样，他所能负的责任，也就是只在此忍之一点，此则无可推诿。若夫恶之大小，完全属于外所造成，彼固不负其责任也。

这个"外"包括一切，即是已成局面，已经摆在那里的东西。作大恶与我们作小错，其所有情形之不同，仅是多此一点"已经摆在那里的局面"之不同而已。所谓已经摆在那里的东西，即气质、习惯、环境三者。这三者包括所有之外，或所有之物。他作穷凶极恶的事，通统是已经摆在那里的东西**造成的**。实在说，世间上**实没有人有力气去作恶，只是没有力气去作好事而已**。这个时候**不是积极去作恶，仅是消极的没有力量去作好而已**。他的心昏沉下去，没有活起来到一个"不忍"，而仿佛衰退成一个"忍"。他作恶的种种冲动，完全是掉入气质、习惯、环境当中。一个衰颓，一个不兴起，而成功一个"忍"。作大恶的人，已成的已经有了几分所负的责任，则只此一分而已。

我们说这许多话，就是说世间上没有我们所想象了不得的恶，我们看他是大恶，其实大半都是已成的定型，他所负的责任，与我们说一句鄙陋的话相同也。再说一句，就是要有一个好人去作到他种恶事，则他所负的责任才算大。然则好人有忽然作到如此一种恶么？根本没有这一回事，没有这种力量，甚至于**极恶都是一点一点添上去的**。

故所谓恶的内容，核实来说，大部分都是归咎于外，仅**负一个懈的责任而已**。因为十分之九都是已成，已经摆在那里的，他并不能负责。他所能负责的，只有这当下，即新添的这个忍，故他的恶并不大过我们之说一句鄙陋的话。我们申明了这一层，则孟子说"富岁子弟多赖，凶岁子弟多暴"这些话，似乎归咎于外，与我们以前所说并无不合也，因为我们所讲的性，乃指人心本来的倾向，即能活动的一点才算心。此外，已成的如气质、习惯、环境等都是物，恶的大部分即应归于此。心之本来的倾向是活动，不是懈怠。所谓**恶者，不过是懈怠，故恶的多分是成就于物之上，心所含的**。孔子就是这一点忍。而心懈或忍，又非心之本性，故若指此而谓性恶，则错误也。

凡说性恶的人，都是从结果往上推，并未就发端起念处去说。普通所谓流于恶或陷于恶的话，正足以表示恶之来源也。他为恶并不是愿意不公平，他的意思乃别有所在，而不公平只是他的结果。**凡说到已成的事实——结果都含有被决定的成分在内，所有一切的恶，都是生命懈怠才有的，实在没有人有意去为恶，仅仅是没有力量去为善**。但此话须待解释，不然便容易误会。比如之作恶，我们去看简直明明白白在作恶。怎么说是一个懈怠，没有力气是消极的。然而此确有所指，这个懈，就是堕入气质习惯之谓。我们看许多战争，都是拼命去打，仿佛是积极的，其实他们完全是为争斗本能所支配，推逼起他走，此时简直是一个硬的方向，全不由他作主。故此只算消极而非是积极，通统是懈，所谓陷，所谓流是也。然则怎样才算是有力气？就是要超出本能而不为他所支配。当战争即起，要放下即放下，这才算是**不懈，即有此"不限于一个方向的"心在的时候是也**。若从懈的结果往上推，而谓为性恶，则错误也。

我们说善是活，是自由，恶是死，是不自由。因为凡**恶都是衰颓，都是偏于死**。于此，就可见**生命之本性是向善**，因生命之本性是活而非死，故恶非生命之本性。本来说一个"性，则善"的意思已见，说一个生命，则活的意思已见。说生命是活，说性是善，已经是画蛇添足，多余了的。但说性善，并不妨碍人之有恶事。即使一个好人都没有，性还是善。因本来是倾向，故不妨害后来的事实也。以前的人，不知道他是一个倾向，总喜欢作一个呆定的东西看，故总说不通。说孟子讲性善，是善的一元论。但恶从何来，则又将主张善恶二元论矣。根本不知道**宇宙人生本来只有倾向于变化，没有所谓东西与构成，原来如此，事实如此**。换一句话，**宇宙只应作物理学的看法，而不应作化学的看法，只有路子、格局或法式，而无所谓质料，**

这是科学的一个新趋势。他们说化学有归于物理的倾向，我们不是科学家，虽不配来讲怎样化学有归于物理的倾向，但我们总觉这话很有趣味。

以上是一段总话，现在把孟子的话提出来讲：

孟子曰："形色，天性也；惟圣人然后可以践形。"

公都子问曰："钧是人也，或为大人，或为小人，何也？"

孟子曰："从其大体为大人，从其小体为小人。"

曰："钧是人也，或从其大体，或从其小体，何也？"

曰："耳目之官不思，而蔽于物。物交物，则引之而已矣。心之官则思，思则得之，不思则不得也。此天之所与我者，先立乎其大者，则其小者弗能夺也。此为大人而已矣。"

"仁义礼智，非由外铄我也，我固有之也，弗思耳矣。"

"人之所以异于禽兽者几希，庶民去之，君子存之。舜明于庶物，察于人伦，由仁义行，非行仁义也。"

　　……虽存乎人者，岂无仁义之心哉？其所以放其良心者，亦犹斧斤之于木也，旦旦而伐之，可以为美乎？其日夜之所息，平旦之气，其好恶与人相近也者几希，则其旦昼之所为，有梏亡之矣。梏之反复，则其夜气不足以存。夜气不足以存，则其违禽兽不远矣。人见其禽兽也，而以为未尝有才焉者，是岂人之情也哉？

这几条很重要。在我们看去，亦完全相连。本来学问的问题，不是数量的问题，乃是真不真切的问题，即是看他认识得真不真也。但孟子这些话很须待讲明，一面有几种疑问仍要解释。我觉得大家的疑问还太少，且疑问也问得不透彻，倒不如就孟子的话去提出几个疑问，若把它解释清楚了，也就把大家的疑问讲清楚了。

　　孟子曰："人之所不学而能者，其良能也；所不虑而知者，其良知也。孩提之童无不知爱其亲者；

及其长也，无不知敬其兄也。亲亲，仁也；敬长，义也。无他，达之天下也。"

孩提之知爱知敬，是一个原来具有的，还是受后天的指示或教训而来的，这是大家常有的疑问。大家以为生来不一定知道，要等到后来才知道，此须解释也。所谓爱敬，无非是举一个例来说，其实就是一切的情。所谓良知——我谓为直觉，我们曾说过，一切好恶都是直觉——看去几乎是非常之受后天的影响、后天的转移，或竟是由后天得来的。如我们不懂图画，不会音乐，但是我们觉得它好不好，仿佛是愈久学习而愈知道的，此非由后天得来么？

我们即或承认爱、敬是原来具有的，则小孩之与母亲闹脾气，这岂非是原来具有的吗？如果原来都是好，则好色好货都是良知，顺此作去，岂不是致良知吗？

照上面的疑问，一切的情必是原来具有，而原来具有、又都是好才合我们的意思。又如孟子举四端的话，他说：

无恻隐之心，非人也；无羞恶之心，非人也；无辞让之心，非人也；无是非之心，非人也。恻隐之心，仁之端也；羞恶之心，义之端也；辞让之心，

礼之端也；是非之心，智之端也。人之有是四端也，
犹其有四体也；……

口之于味也有同耆焉，耳之于声也有同听焉，
目之于色也有同美焉。至于心，独无所同然乎？心
之所同然者何也？谓理也，义也。圣人先得我心之
所同然耳。故理义之悦我心，犹刍豢之悦我口。

这些话也有疑问，就是人心是否都有同好？人心之所同好，
是否都对？耳目饮食常有你觉得好、我觉得不好的情形。
故如果人心之所同然是好恶，则有时亦有不准。如果好恶
不一样，则是非岂不是不一定。

还有一个疑问，人之四端统统都是情，情究竟是什么
东西？照我们的看法，似乎是以情为主，但从别一面看去，
则不应拿此作标准。这个意思，是我同朋友谈话，他们常
有的意思。冯友兰、王近信都是以前北大的同学。现在美
国研究哲学，他问直觉是不是一种情？如看花而有美感，
就一面说是知，就他一面则是情，此不能说他不是一种情。
既认他是一种情，则情不是一个根本，不过是遇物而发生
的东西，所以好恶不是一个根本，他是生命向前要求有所
遇而发生的。有了这种活动，顺之则有所好，逆之则有所
恶。故真的根本是要求，情乃是要求有所遇而起者。不应

拿情来作主宰衡量那个根本，应拿那个根本去衡量情。归结的疑问就是直觉是不是一个情，如果是情，则不应拿来作主宰。

在他们的意思，以为食色等都是一个要求，种种要求，都应肯定。此时所谓是非善恶，不应凭好恶之情，应凭着彼此间的**调和不调和**，就事之一件一件来说，都无所谓是非善恶，有两面彼此不相妨碍，则是善是是，如饮食之多寡，须不碍健康。若彼此相妨碍，则是恶是非。因为我们看去种种要求，都无所谓不对，如因我之要求妨害你的要求，则有所谓不对也。故他们说最大善即是最大调和，**真理即是最大的通**，能解释种种的疑问即真理，能解决种种的困难即**大善**。

以上这些问题，都包括在孟子所谓由仁义行，非行仁义，或义内非外的问题中也。

把上面几个疑问总括来说：

一、好恶之情是否都是本有？

二、本有的是否都对？

三、好恶是否齐同？

四、好恶是情则非根本。

这几个疑问，我们一面去解剖它，一面也就把孟子的意思讲明了。但是这些疑问，都要在下面第五的一个问题去下解释。

五、人心与物心的不同。

本具固有。

孟子说："人之所以异于禽兽者几希，庶民去之，君子存之。舜明于庶物，察于人伦，由仁义行，非行仁义也。"**凡在好恶以外去找根本，最好也不过是行仁义，非由仁义行也。**君子之所以存此，人之所以异于禽兽者亦即由仁义行也。由仁义行与行仁义的这个问题，不但在旁的其他派别未把它弄清楚，即许多儒家也没把它弄清楚。汉时董仲舒差不多完全误解了。即许多宋儒，亦未彻底分清。若他们能把它分清楚，或亦不至发生许多无谓的争辩。所以这个问题，如不能把它弄清楚，始终是行仁义，对于由仁义行的话，始终是隔阂。我们讲这个问题，先以本具固有的问题开端。所谓本具固有，我们应当稍为着重一点，注重这下面两条：

1. **是出于自己而不出于外面的影响；**

2. **是出于天然而不出于有什么用意。**

我们说一个原来的意思，应当注重这两条，倒不一定是要落于时间上。我们看小孩是如何，成人是如何，仿佛是属于时间的关系，诚然愈与时间有关系，愈非原来。但不是说原来与时间关系浅。我们说**原来并不是一个初时的**

意思，也许是时间在前，但不谓是初时，此应注意者也。还有一个意思是要申明的，即是所谓**好恶之情，原来的心，我们不要在能力上去认识，几乎可说原来的心是无有能力或不是能力**这些话。我们举个例来指实。本来可以不必就小孩说，但亦正不妨就小孩说。

才生下来一二岁的小孩，论他的能力是没有。但是这个时候，我们相信他的心是坦白是纯洁，自然什么正直不正直，他没有这种能力去认识，但此时他的心是信实的，则为吾人所相信，这个时候他的心是大公无私，是平平正正。所谓正直坦白在他都有。此时他不但不知道自己有不坦白，并且他完全不感觉旁人的不坦白。这个话就是说不要就能力上去看，说一个能力就不是。如爱兄敬长，我们**不应就敬爱上去看，应就不"不爱敬"上去看**；如坦白，应就不"不坦白"去看，**不不敬爱、不不坦白是原来的**。如说一个知爱知敬也就有就能力去看的样子，他虽不感觉着坦白不坦白，但在智慧开发以后，他顺着坦白的胸怀，就有一种拒绝不坦白、迎好坦白的倾向。他虽不知道真正不真正，但在智慧开发以后，顺着正直的胸怀，则有好正直、恶不正直的**倾向**。就能力发生去说，时间上未尝不是后，然而仍是原来的心。意思就是说我们的正直坦白是天然的变化，而不含有用意的意思。天然即无所为，有用意即有所为。说原来的心，是说天然就有，待到有用意，则非原来的也。故原来的心是出于自己，而非出于外面的影响也。

但是这个不坦白不正直，又如何说他非原来的？自然我们不是说不坦白不正直的事情，小孩时没有；而是说那不坦白不正直是无所为而为，而非有所为也，后来则有所为有所用意矣。但此是出于外面的影响，故说他非原来的也。固然愈落于时间，与时间的关系愈深，愈不是一个原来。其实仍可说是原来就有。我再举一个例，或为大家所不信，即小孩的心是谨慎小心，是勇敢无畏，这个时候，或者不好说他是勇敢谨慎，而说他是不"不谨慎"，不"不勇敢"。谨慎勇敢这种心情是先有了，其能力是在后才有。如我们学音乐，或学绘画，好久才能辨别绘画音乐之如何。

其实这个情完全是固有。这个知乃是后来才有。心虽没有与客观的物接触时，但粗情已有，不过有深细处，则发展而始达耳。某君举一个例，他说小孩在小的时候，大小便随处皆可，后来受外面之赞许或禁止，始知何处可大小便，何处不可。于此可知，知非原来所固有。现在我们应当就此种情形去看，比如我们人类之有科学，是不是出于人求真的心或好真的心？本来有求真的心才有科学，我们能不能说，有科学亦有近真的心，故可以说求真的心是出于先天。原来求真的能力，在小孩不甚可见，然而好真的倾向是有。所谓好真、好善、好美都是出于先天，也是一种先天的倾向。这种倾向，他表着或发挥出来，不拘任何一种，都是受后天的条件所决定。我们不要说一种动作或一种事实才为后天的条件所决定，即一个念头亦为后天的条件所决定。因为只要心往外一动，都是一个被决定也。在小孩初时因种种缘缺不能显见好真、好善、好美的心，但这种心不能说是在成人的时候才增加的，完全是属于先天所固有，不过在成人因有种种缘法，故于那个方向更表示得清楚而已。小孩须有种种倾向而为后天所限定，并且为后天所转移，而不能表达出来，此为最显著的事。如一派一派不同的文学，各觉着此种好，彼种不好，这都是为后天所决定的事实。无论任何事实，都是被后天所限定，为后天所转移，然而好真、好善、好美之心仍是先天所具有，本来是一个原来的倾向被转移，而非原来落在后来才有此。故不能说好真、好善、好美的心不是先天有的。

以上是我们一个粗的讲法，下面我们再深一层去说。

我们先来一个转折，就是所说良知良能。实在没有什么良知良能。所谓原来的心，亦实在没有什么原来的心。因为从生物到人，人的生活方法是靠后天，都是后天所造成。常人通有一疑问，这个疑问很有原因，并且很对。实在应当有此疑问，他的生活方法实在是靠后天。老实讲，物类的良知、良能是最易见，它应做什么，应怎样做都是直觉而知，在它并没有什么意思。人类的良知、良能是最不可见。如小孩子对哪些东西有毒，哪些东西能滋养，他完全不知。物类的良知良能，因什么可见了，因为它的生活方法靠先天。然而反过来说，毕竟人类之良知良能是更优或更富于物类。物类生活正因为靠先天，所以它的良知良能就只有那几样，这几样是非常之明显。人正因为靠后天，原来仿佛是一张白纸，可以说是无能力，但在后来就无所不能，实因他所含的能力太多，实在非常之富，非常之强。如大鸟抚养小鸟，这种亲子之爱，自然在人类母亲也无不爱小孩子者。但从反面去看，则竟有贵妇之弃子，此则为物类所不能作，而人类竟能之。故说物类之良知良能最为显著。然而于此我们不要看它之爱子与人之爱子一样。它不弃子，实因它无弃子之可能，它之爱子实不如人类，它非常之近于无心，非常之近于无情。于此，我们应当把情郑重地提出说明。

情——什么叫做情？

情就是有那个空地方容生命表示之一点活气。因鸟兽的生活完全为先天所规定，无回旋的余地，所以它就无许多情。情只有在空地方才有，没有空地方则没有。凡喜怒哀乐都是那一点活气。人类之良知良能，乍看去似无可见，实在人类对于种种问题，都有他先天的倾向，只因不靠先天所以不显著。亦正因不靠先天，所以无所不能。他一无所能正是他的无所不能也。

于此，我们应当注意者：

人心物心之不同，不特是程度数目之不同，而且是性质的不同。

我们说人类的良知良能一则是富，再则是优。优是指程度说，富是指数目说。固然数目的问题很要紧，人的良知良能实正是无数。但我们说他优与富还不是根本的问题，在性质上的不同乃是根本的问题。此性质之所以不同，仍是一靠先天，一靠后天原故。我们说性质不同，是说人类的心才可以叫原来的心，物类则不能叫原来的心。我们前面说过，原来的心是出于自己，而非出于外面的影响；出于天然，而非出于有用意。物类的心就性质去说，是受外面的影响，统是用意。人类则是出于天然出于自己；物类生活之方法与生俱来，心的活动都是有用意，都是受外面的影响得来，这个用意是指在进化成功之"所以然"的那个用意。故物类正因自己之有所用意，而不是原来的心；人正因为自己用意，一切必须出于有意识，出于自知，反见于原来的心。人类这有用意之态度，是在后天才作出来；物类之有用意，不出于造作，固然也可说为造作，但是出于先天的安排造作，由进化而成功者。故人类与物类，良知良能之不同不特是程度和数目不同，而且是性质的不同。

但是人心、物心确又只有程度数目不同。所谓种类不同，宇宙根本上没有这回事。在生物尤其如此，都由来甚"渐"。我们说植物、动物和人类三条路，通统是"渐"。所谓程度不同，就"渐"去说未尝不是。但此语有毛病，并易误认为三等级。他虽是一个"渐"，然而不是一个等级之不同，乃是方向所指之不同。如追根去找，完全找不着。若照等级的意思去说，彼此相望几乎是有差一点的意思，此类还可以达到彼类的地步。但就方向去说，则此类不能改入彼类的道路，不能进一步到彼一等级。故人类、物类原来的心虽无鸿沟可分，但就方向所指去看，则根本不同。我们说一个靠先天，一个靠后天，这看去好像程度不同，然而非是，他们出发点之不同，这乃是较大的区别。物类的良知良能最是一个安排好的，最是一个不活。安排定则不活，而限于数目，不能因应有方。所谓情，就是生命的一点舒展，一点活气，心有空地以发舒者。物类则无许多回旋余地。故物类的爱子虽很似人类亲子之爱，然而全不如人。它每一个心的活动都是安排好的，而有所为的。它的情是限于为生活，与生活无关者就亦与之无关，不能生情，它的数目所以限定即因此故。人类因靠后天，就是预先没有方向，完全无方向而有无限目的、方向之可能，什么情都可以生出来，完全不能限定，他是天然变化，情之发生完全不能预定。

柏格森说，从生物的心思去说，在旁的物类，其用心思像是有一个生来的限定，如狗之为链所拴，只能在链之范围内活动，不能出乎范围之外。这个链是什么？就是为生活。人类则把此链打断，因此用心思便可与生活无关。我们可以就生知一面，他固然能断此链而得解放，能自由用心思，即在情，亦因此得以解放，而生出一个与生活无关的情。这全因心是整个的，一面得解放，而他方面亦得以解放也。此即我们所谓原来的心。因心得一个解放，则知、情方面都超出限定之范围也。根本上即**物类的心与生活有关，而人类的心则与生活无关。物类生活方法愈布满它的心，则愈是一个有所为，人类之所以有用意，是在后来才有，故能超出功利而别有。**

说到此，我想说我自己的变迁，就是以前不曾留意人类有与生活无关的知、情。以前我看人类的心理只有本能与理智两面，所有情意都属本能。我最不承认罗素在此二者之外，别有灵性之说。他解释灵性是宗教道德所自出。

当时我批评他不对。那时既不知有超本能的心，即人类的心从本能里得一个解放。他说：

> 理智的生活是以无私的思索为中心。灵性的生活是以无私的**感情为中心**。

这个话我以为他随便说。在后来我研究人心物心问题的时候，才了解他的话是很有意思。我们说人类靠理智这个话，就是说靠后来想法子，所以必须后天无方向，故不单是理智方面之见长而已，并且情的方面也就根本与物类不同。

物类愈是预先安排好，预先有方法，所以它的情，它的那个方向愈是一个有所为，愈是一个预备去作什么的，愈是有目的。在人类可以说几乎是一个矛盾，生命几乎全是有所取得的态度，但他不过是从此得到一个无所取的态度，仿佛是从功利的态度透出那个天然的变化，而非有所用意。此即无私之心情。本能都是一个预备作什么，全是工具，全是手段。物类愈是为本能所布满，愈是有所为。人类则从本能解脱出来，得一个解放，故不是一个有所为。此即罗素所谓灵性是也。罗素他本来把本能的范围弄得很狭，并不如我们所用范围之广。他解释本能为人类、物类所共有的，而所谓灵性者，唯人类有之。于此他下这"无私"的两个字则极有来由矣。我以前把情放在本能里面，不另设一个范围，后来才知稍有含混。根本上所谓原来的心或无私的感情，是从本能得一个解放。罗素所指为灵性生活者为宗教道德所出。当时觉得他的说法不对，但过细去看，一种大的宗教，很能降服对于生命很有力量的人，即理智明察、情感充实的人。因彼能在人类生命之最深处或最高点立脚故也。即如很粗的耶稣教，所以能降服知识充足、意志强固、情感丰富的人，而使之甘心皈依于其教下，职是故耳。

所谓宗教能在人心之最深处或最高点立脚者，即建立于爱与悔二者之上也。爱与悔都是人心之最高点，但不过仍是那个求真善美的方向而已。这两种心情最是无私的，不预备去作什么。悔即是一个自己之不容，爱则是无外。此恰与功利的态度"有对"，或"有外"相反。宗教能在这两点发挥，所以能动人的心坎，足以降服许多人，所以**悔与爱实在是宗教的中心**。

所谓道德，照十六世纪乐利派的解释，则出于有意的计算。即克鲁泡特金的解说，虽然反对有意的计算，但实是等于主张无意的计算。故他对道德的解释仍是一个预备作什么的，仍是一个手段。其他的解释都不外是看成手段。

他根本的错误就是忽略了人类因走理智的路而心得一个解放的一层，即罗素所谓灵性的生活，以无私的感情为中心也。人有所接触即生一感。这个感不皆是有所为。而物类之感则皆是有所为也。

我们说感情、直觉本来应当分别，有些情是本能，不可说他是无私的，虽是像与生俱来，然而几乎可以作为一个后天。自然冲动不是后天得来，但却是由生命进化之渐渐积来者。这种情即是我们所谓气质，这是一个硬固的方向。我们说气质并不含实质或物质的意思，即是说他是出于旧的路子。有些直觉也是气质，这是一个假的先天。真的先天只是这个天然变化。所谓直觉，亦毫无深的意思，就是一则对待非感觉之知，一则对待非概念之知。感觉之知是没有意味，只有这一回事。概念之知是由慢慢抽象而得。直觉是当下一感而有一种味道。所以我们说与气质无关的感情是无私的感情，与气质无关的直觉才是真的直觉，即真的先天。这个直觉就是我们所谓真的心。

在物类差不多都是为气质所困，或为所封锁，以后再没有多大的变化。人类则有不为气质所困的心，所以生活可以变许多样子。因此我们说良知良能物类莫有，人类才有。人类是从不是原来中剖开，而成为原来；物类则剖不开而困住于不是原来中。明乎此，则以上的几个疑问便不难解决。

我们以前说人似乎是好恶不齐。我觉得这样好，你觉得那样好，这是什么原故？这就是**愈出于气质，则好恶愈不齐；愈出于习惯，则好恶愈不齐**。各个人的脾气都在气质内，人之气质不同亦犹人之面孔不同。气质亦包括资质而言，人之好恶，因愈与气质相关而愈不同，如你爱吃酸的，我则爱吃甜的，根本上是饮食滋味，已有他的安排，已有他的固定的机能。许多本能都是出于气质，都是一个熟路子。这些本来不是天然的自己的，乃是受影响而来，是有用意的，我们不能以这些囿于气质习惯之不同来证明从此解放出来的东西之不齐。本来那个东西是无有不齐的，因他是属于天然的变化，他仿佛是未着色的东西，着色的一面，自然是不同，因是固定的熟路子。但从此剖开出来的东西，非着色的东西，固同也。孔子所说"性相近也，习相远也"，意思就是如此。不过这个习不单指习惯，即从演进而来之本能，也包括在内。习虽是相远，而性则相近。性即我们所说先天的倾向，好公平恶不公平，无论什么人在这一点上都接近。我何以能与大家讲话，大家何以能听，换一句话说，我们为什么能交通，都是因有不为气质习惯所困之心。

德莫克拉西这种倾向，以前完全不为吾人所有，但现在大家对它有一种爱好，从生命发出来的爱好。本着这种爱好以发活动，而对于旧有一切加以改造。这都是因为人有矫正，然不为气质习惯所囿之心。人愈与许多人的个意接近，则愈与气质习惯无关，愈深于个人所有，则愈与气质习惯有关。所谓绘画文学，虽派别各有不同，然而他们总想法开发别人，而引起他们的同情。故所有不同都是习惯的不同。于此大家必觉得气质习惯对于原来，很像一个造作，很像是一个添上去。其实不然，仅仅是一个转移。既是一个转移，可以转移过去，也可以转移过来。我们所有的不齐，完全是一个原有的被转移。所谓你有我没有，或我有你没有，根本上没有这回事。所以有，你有我没有，或我有你没有，完全是由原来引申而转移的不同。

一、颠倒

其次，有人说不能拿情来衡量一切，仍拿欲求作根本，所有的不好，都是欲求之冲突，能得调和便不冲突。即是善这个问题，仍可由上面的说法去解决。他们的错误与麦独孤的意思一样。他把人类所有的心理，拿性的本能作根本，其余通通都是环拱于他而为他的。此实是一个大颠倒。本来所有种种本能，它都不是一个根本，只是工具，只是手段，都是为生命而有的，即生命乃是为这种工具作主者，所有一切感情思想都是为他。本来说感情附于欲求没有错，但此是单就气质一面来看的，所谓人类原来的心，超乎气质习惯的心，他所发出的情，不是对于欲求而来的。

现在关于伦理有一种很普通的思想，就是肯定人类的种种要求。各种要求，常有冲突的倾向，就人类来说，人类来设法让他不冲突。所谓善与道德要不过是其间之一种调剂。麦独孤也是这种看法，或者亦可说凡带有功利派色彩的，都是这种意思。惟德国的伦理学家，似乎稍为不同一点。周作人先生说霭理斯这个人，他的人生态度很好，因为人类常有两种态度，如关于性一面，有取或舍的态度。但最好是在此二者间之调和，霭理斯他是如此。这些通统是持的调和说，通统是肯定几个不相关连的倾向，在此中求一个调和。这完全是行仁义的态度，与孟子的意思完全冲突。非于此加以批评，不足以提出孟子的意思。他们的大错误就是一个颠倒。本来把**宇宙或生命看成一个大目的或是一个机械都不对。所谓宇宙或生命仅仅是一个变化活动，愈变化活动而愈不同。究竟变化活动到怎样为止，完全不知道。**我们若用一个不好的名词，就说生命是一个盲目的追求，要用一个好的名词，则生命是无目的的向上奋进。因生命进化到何处为止，不得而知。故说他是无目的的，生命只有这么一回事。当生命变化活动的时候，即生活的时候，有许多东西为生活的机能以成功其所谓生活者。生活之种种要求，全由这种机能而成功这个样子。如生活因活动有所消费，于是要供给活力，于是要吃东西，于是人类就有此种机能以消化这些东西。故人类饮食男女以至种种本能，都只是安排许多方法对付生活。这些都是为生命，即为无目的的向上奋进而有的许多东西。这个整个的向上奋进的生命，应当是一个主脑，是一个根本，是一个中心。而不应以他的工具来作根本，以他们的种种要求来作中心。其他感情智慧，则通统为要求而有。若把无目的向上奋发的生命而看作是为要求的，此实一大颠倒也。

照他的话可以说人类的生活完全是一个择来择去。此虽不如吴稚晖所谓人欲横流，几乎可以说是折中而流。麦独孤有一个可注意的话，他说人的行为完全是冲动，如抽去冲动则完全不能动，这些冲动是生命的主要所在。他说人都觉得凡人本来都是作他知道所当作的事，不过有时有例外，所以伦理学家去征求解释。其实这是错误。实际上人的动作乃是为多数冲动引起，这些冲动为进化所造成，当时并未预定后来作哪种生活，所以动作不合理是常，而合理是非常。他又说道德的品格都是经许多年代为社会压迫而后有。他说这些话根本有个忽略，就是单看人类只有与物类相同的先天安排的倾向，而未注意到人类不单靠先天，实由依靠后天得一解放，而有一个超本能的心。他不知此，所以仍引人类走入死途，走入一种模型的呆板的路子。他只看见人类的气质一面，全未看见有超气质清明的心。如人类没有超气质的心，则应完全不知道出于气质之行为之不好。没有超气质之感情，则不能否认气质之感情。

我们觉得争斗之不好，觉得欺诈诡谲之不好，觉得此外种种之不好，全是因有一个超气质的心。我们说知的方面有一个无私的智慧，情的方面有一个无私的感情。若照麦氏所说，则无所谓有此二者，因已把他带入为生活里面去了，我们将长埋没于气质生活里面，无复有所为超出之可能也。

二、忽略

我们说他的毛病，一则是一个大颠倒，再则是一个忽略。他们只看本能冲动一面，因此说冲动是常，而合理是反常。他们忽略了超乎这个上面的主宰，他认为合理者只是一个强制，而不认超本能的心原来是如此，只认是本能冲动的一个变像。麦独孤有几句话尤其看得出有这种毛病。他说："无私的仁厚行为，道德的义务，倘若不用它所提出的路径来说明，则实无法说明。这便永久成为一个疑团，成为一个神秘的东西横在人心中。'不是为什么'之倾向，寄在进化的进程中，则没有它的来历。"这些话完全不知人类有超本能的无私的心，固便牵强附会扯入本能中。他要在进化中去找他的历史，则是注重有用处。这个超本能的心诚然无他的历史，但又并不是添出来的。他既是靠后天开辟出来的一个原来的心，从后天解放出来的一个先天，这个东西几乎可以说他无来历，因此他当然看他是一个无意识的。人对付生活都是放入有意识，在无意识一面，则自私的态度很淡。他不看这一面，只看自私的一面。说他是神秘，因他完全不承认有一个不属于本能冲动的心。其实又何尝神秘，因他只是由本能冲动放出来的一个不限定他的地方而已，虽无他的历史，却有他的来历。照我们的解释，一切仁厚的行为，道德的义务，都是从这个心发出的。这个心即孟子所谓**大体**。

孟子所谓"大体"即是指超乎本能冲动的心。所谓小体，即是指那许多工具说，"耳目之官不思"，即工具的活动，是盲目的，不是心自己的活动。"心之官则思"，即心之活动是自己的。当不思走下去，则冲突。思则不冲突，所谓"思则得之，不思则不得"，即思则合理，不思则不合理也。不思而蔽于物者，因本能都是对待，超本能则非对待。凡把宇宙打成两截，无论是取得或反抗，都是对待，都是蔽于物。"物交物则引之而已"，即顺其硬固的方向走下去也。故当有对待的时候，都是蔽于物。心是清明的时候，则绝对也。单看小体，单看气质，则自然会忽略；如看大体，看有超气质的心，则天然有分寸。"人之所以异于禽兽者几希"，盖从本能冲动方面去看，则人类与物类很相像也。若从超本能方面去看，则人类实有所以异于禽兽者。然而许多人都陷入于气质习惯中，所谓心为形役，是即庶民去之者也。君子则能存其本心，而不陷于其中耳。"由仁义行"，即是从无私的感情流露出来，若勉强去克制，则是行仁义也。

　　普通人看人类物类不同之点只理智一面，但是心是全整的，既开辟了理智，则一切工具势必让开，不能特显活动，此自然顺乎天然之变化也。在天然的活动中，是准乎天然的法则，即我所谓求平衡是也。故天然的法则是超乎工具之上，而持于其后，单看预备作什么，而不看不预备作什么，此他们之所以误会也。但他们之所以误会，实无足怪，因此点容易招人误会，许多工具都是机能，通是预先摆在那里，是常在的。这个不预备作什么清明的心，不是预先摆在那，是有时在，有时不在的。孟子所谓"思则得之，不思则不得也"。因他是让出来的地方，昏惰则沉下去，不能看见，不昏惰时始看得见。因其可存可亡，时存时亡，故容易被人模糊过去。孟子有许多话皆指此说，如他说：

> 学问之道无他，求其放心而已矣。
>
> 非独贤者有是心也，人皆有之，贤者能勿丧耳。
>
> ……仁义礼智，非由外铄我也，我固有之也，弗思耳矣。故曰'求则得之，舍则失之'……
>
> 虽存乎人者，岂无仁义之心哉？其所以放其良心者，亦犹斧斤之于木也。旦旦而伐之，……
>
> ……人见其禽兽也，而以为未尝有才焉者，是岂人之情也哉？故苟得其养，无物不长；苟失其养，无物不消。孔子曰："操则存，舍则亡；出入无时，莫知其乡。"惟心之谓与？

这许多话都是说心容易不在。但所谓在不在、有与无者，非有两心也，即一心之昏暗或清明耳。

三、调和强制

我们已经讲过他们的误谬，第一是大颠倒；第二是大忽略；还有第三种误谬，就是要调剂，要想法子去强制。根本上他是生命是这样，这种办法，生命实在作不到。生命本来是自然的，用不着斟酌损益。所谓善，完全由于可赞许，无须你去斟酌损益，并且一斟酌损益则不是。于此有个要点，就是性善论之不为大家所承认，因为大家都觉得随其自然，则流于恶，必须勉强乃能入为善。我们如果把自然勉强的意思明白了，也就可以明白性善的意思。所谓善，诚然也不自然，又有勉强。当心在的时候，本来是自然，如果心不在的时候，则须勉强，就是沈困气质习惯中的时候，实在要勉强才能作，实是非如此不可。因此他们遂以为要自己强制自己而后善，实不免有所误会也。我们虽说有时是自然，有时是强制，然从自然去说，是非常自然，并且非自然不行。一不自然，或一用力气，则不对。大程子所谓未尝致纤毫之力者此也。

若果稍一致力，就是堕入气质习惯中。**故善不但是由自然，而实在非自然不行。只能从活泼发出，从容自在，不能勉强。一为斟酌损益，即不是也**。因由生命出来，本是活泼自然，所谓鸢飞鱼跃者是也。这个时候，只是生命之自然流露，若已发动而去想法强制，实在来不及也。

虽然善一面必须自然，一面仍是奋勉不懈，二者似乎很有冲突，其实是相成的。所谓自然，并不是随他去，还是要奋勉不懈。故必须奋勉不懈与从容自在同时存在就对了。凡为我们所嘉赏者，都具备这两个条件。不带力气也不好，多费力气也不行，必须是由极灵活的心发出来的东西，一面则从容自在，一面则带有力气，始为人所嘉赏。我们说一个善，自都具备两个条件，从奋勉不懈去看，则含勉强的意思；从从容自在去看，则含有自然的意思。大家不了解这意思，把自然解为随便去，把勉强解为用力气，即把惰气解为自然，当然就要说从自然是恶，而善则必须强制，由斟酌损益而来也。这根本是不了解生命是怎样。说一个奋勉便容易用力气，一用力气便不从容自在。说一个自然，便容易随他去，一随他去便非奋勉不懈。故善是兼具从容自在、奋勉不懈也。儒家的生活通是如此。孟子云：

> 夫君子所过者化，所存者神，上下与天地同流……
>
> 君子深造之以道，欲其自得之也。自得之，则居之安，居之安，则资之深；资之深，则取之左右逢其原，故君子欲其自得之也。
>
> 仁之实，事亲是也；义之实，从兄是也；智之实，知斯二者弗去是也；礼之实，节文斯二者是也；乐之实，乐斯二者，乐则生矣；生则恶可已也，恶可已，则不知足之蹈之，手之舞之。

这些他都说得非常活泼。愈是活泼，愈见出生命是从容自在，愈可赞赏，愈是善。

"**尽性践形**"。这个意思很重要，可以补足上面的道理。孟子说：

　　　　形色，天性也。惟圣人然后可以践形。

　　我们以前说我们的真心，是没有开头，但实又有他的来历。我们的意思是**心理与生理完全不能分**。就是一骨一肉的发达，都与全体有关系，完全不能把生理当作物质、心理当作精神看，最不承认把物质与精神分立。形色是指我们的躯体说，但人心之靠后天的倾向，他实在是已表现于躯体上，即是全体的变化，亦有靠后天的倾向矣。本来心理与生理完全是一回事，所谓心理与先天的倾向，已经是在生理上——躯体之组织上完全表出，几乎可以说心理之倾向，没法拿出来给大家看，要指点大家看，只有在生理上见。故所谓性者，除了形色别无可见。所以在形色上，如生理学、解剖学等所研究者，苟有一种了解，我相信人类躯体之构造与物类躯体之构造一定不同，但是我又相信在形色上去找，实又不容易找出来，恐怕我也找不清楚。心理的活动，不能无所凭藉，所凭藉者就是形色。因此，我们由形色可以知得怎样一个心理。孟子说：

> 存乎人者，莫良于眸子。眸子不能掩其恶。胸
> 中正，则眸子瞭焉；胸中不正，则眸子眊焉。
>
> 君子所性，仁义礼智根于心，其生色也睟然，
> 见于面，盎于背，施于四体。四体不言而喻。

所谓"四体不言而喻"，这或者是践形的时候。**尽性才能践形，唯圣人能尽性，所以唯圣人才能践形**。我们虽则是一个人的躯体，而未尽这种躯体的性，所以说不上践形，或者只是糟蹋。这个肉体真正是活了起来，即是尽性的时候，也就是践形的时候。由这句话看来，所谓圣人者，完全没有特别出奇的意思，不过是把平常生活作到好处而已，亦仅仅是一个人的生活，没有一毫增损，恰如其量而已。因此以之去附会佛家、道家都不对也。

由这句话，还可以看出一个很重要的意思，就是我们并没含有排斥本能或气质的意思；由上面看去，很容易误会我们不特是轻看气质本能，且排斥他。从这句话自可见不是如此。所谓践形不外饮食起居男女等等，完全照样作这种普通生活，毫没有轻视形色的意思。平常人倒喜欢分别一个什么物质与精神，我们的意思倒不如是。种种本能

都是工具，不会使用工具就是为形役，反受拖累。若会使用工具，则心便是活的，则化物质为精神，通是一个生活，便生活非常之优美。故从践形二字看来，全是把寻常生活作到好处，并无排斥肉体的倾向。

乙、义

义内非外，这一条辩论很多，但这个意思很明，不用我们去解释。告子说道理应当是在外面见。其实道理虽然是要在事实上见，然而仍是出于吾心。他们辩论的结果，孟子很说得透彻明白，如《孟子》说：

> ……且谓长者义乎？长之者义乎？
>
> ……耆秦人之炙，无以异于耆吾炙，夫物则亦有然者也，然则耆炙亦有外与？
>
> （公都子）曰："行吾敬，故谓之内也。"
>
> 孟子曰："……庸敬在兄，斯须之敬在乡人。"

所谓应该怎样，不应该怎样，虽不能离客观而有但仍是出诸自己。我们以前曾说有两种理，一是客观的事理，一是主观的情理。**义本来是出于主观的情理，并不是客观**

的事理。**故义非在外而在内也。**这本来不难明，但也有许多人弄不清楚。凡提出一种主张，或采取一种主义，令人去走，都是行仁义，义袭而取，非由仁义行，集义所主者。荀子和有些宋人，很带"义"外的倾向，所以这个问题虽说是简单，然而有许多人总把他弄不清楚，孟子有几句话很坚决，他说：

> 无为其所不为，无欲其所不欲，如此而已矣。
>
> 学问之道无他，求其放心而已矣。
>
> 哭死而哀，非为生者也；经德不回，非以干禄也；言语必信，非以正行也。
>
> 大人者，言不必信，行不必果，惟义所在。

由此可把孟子的意思完全看出。

丙、命

孟子时常以性命为对举。我们以前讲过孔子天命的意思，现在再讲孟子所说命的意思，孟子他说得很明白，他说：

莫非命也，顺受其正，是故知命者不立乎岩墙之下。尽其道而死者，正命也；桎梏死者，非正命也。

这很足以证明我们以前所讲的意思。凡是一种实现，无论一小至极寻常极琐细之事，或大至改造国家，都是一个被决定，几乎都可以说是不自由。我们说自然而有定，就是天命。因为凡事都非待缘不能实现，愈是往外，就愈是一个被决定，被周围之情形决定。没有不被决定的事。故云"莫非命也"。但翻过来说，我们实在有改造国家之自由。宇宙的流行，本来是包括一切，这个时候，不应把自己抽出来，因如此，则非顺受其正也。如我期待国家好，这只算是受，而非顺受其正。儒家的态度，就是知命，就是顺受其正。不立乎岩墙之下，不桎梏而死，无一毫侥幸心，无一毫不听天安命之心。如其有之，则通是不知命。

我们拿孟子的话去证知以前讲天命的意思，说**知命者是最能尽自己力量的人**，即孟子所谓尽其道而死者，是正命也。有许多人把命看成是必然，自然是知识方面的错误，但他把自己除外。析宇宙为二，亦是态度的不对，故取尽其道者，乃是最能听天安命的人，**必须非常尽力以后才可以说听天由命。不是完全不尽力量谓为听天由命。**若是不曾尽力，实在没法可说有命在天的话。孟子说："尽其心者，知其性也。知其性，则知天也。"不懈的人，乃是尽其心者；懈息的人，则无可见者。惟尽其心，才能知性。性就是我们原来的心，不含有用意，知性则可知天然的法则。天然的法则能自由活动。在气质习惯之中，则不能自由活动。恻隐、羞恶、好公平的心可见时，都是天然的法则。恻隐、羞恶、好公平的心可见时，便是天则流行很有力气的时候。堕入气质习惯中，则天然的法则便无力气。性不是私的活动，是天然的活动。所谓天然的法则是指什么，在我们则有知"《易经》那个道理"的意思。知天命的人虽没有如《易经》上所讲的学问，但他的心却是如此。

存其心，养其性，所以事天也。

这个意思与上面所说亦大致不差。存其心，即清明在躬，让天则自由活动，亦即孟子所谓不放心是也。从先天的倾向，是好真善美说，则可以见养其性，是让这个性充实发达，此三者，存心、养性、事天，完全是一回事。存其心即所以养其性，即所以事天也，事天者即合乎宇宙之大流行、与之一致前进之谓也。有人说事天是奉承而不违。诚然这个奉承而不违，就是宋人之所谓敬，亦即戒慎恐惧等是也。违即是贰，有私意即是贰。故不落在一毫侥幸心上，又不落在一毫听天安命的心上，乃所以事天也。所谓"夭寿不贰，修身以俟之，所以立命者也"。儒家的意思通统只有这一句话，就是要尽心，不管其他一切。

所谓"立命"，必须如此，才可以把这命立起来。如果我没有尽心，不能算是把命竖立起来。所以严格来说，不但是缢死枪杀算是死于非命，即一切死命亦可说是死于非命。唯最能尽心者，最能讲卫生者，才算是不死于非命的人。因他的心常明，故能最讲卫生，能照顾一切，而无一毫忽略，故他能把命竖立起来。比如一个人从缘来说，可以活五十岁，但需要不懈始能活到此，才能算把命立起来。如懈，则不能也，则不算是事天矣。

儒家总是让人去自己尽心，并无多的意思，所谓乐天知命，乐天乃是一个奉承不违，就是乐乎天机而动。对一件事抱悲观自不是，即抱乐观亦不是，因他未与宇宙合一故也。真正的乐天，是一喜一怒一忧一惧，都是乐乎天机而动，顺自己生命、用着精力去走，然并不是格外用什么力，只是从生命里面有力的发出而已。

说到此，我想起那天与泰戈尔的谈话，那天杨沫灵（丙辰）先生向秦戈尔讲世界有五大宗教，分三种道，所谓人道、天道、性道，因此提到孔家。泰戈尔说："孔子很不像宗教，他的话差不多像法典一样，我颇不感兴味。凡是宗教都在生命里有根据，真切地发出来。孔子似乎非是。"

我当时听了他的话，很想说几句关于孔子的道理。但以时间的关系，不能把孔子全盘的意思向他讲，只举了"不得中行而与之，必也狂狷乎"一条。我说孔子所谓中行，是从天机活泼流露出来的，不是牵就凑成的。在孔子的思想，几乎是丢开中行不说，只要从中行出来的都对。故有取于狂狷，而斥乡愿为德之贼。盖乡愿乃是行仁义，无非牵就凑合，不是出于活泼天机。泰戈尔听了我的话，他说他也觉得很有趣味，不过因为所看孔子的东西都是些英译本，所以觉得他还是有些不了解。

许多人看儒家，只从人与人的关系上去看，而不从他是着眼在自己生活处去看，这是很大的错误，若从着眼个人自己生活去看，则人与人的关系，也自然就有。他讲人与人的关系，都把他包括在自己生活之内，完全是注重在从里面有力气的去发出，顺乎天则流行，所谓充实之谓美。充实而有光辉之谓大者，盖就此说。此层最不宜忽略也。

以上是讲从性到命的话。还有一条也是从性到命，即是：

尧舜，性者也。汤武，反之也。动容周旋中礼者，盛德之至也；哭死而哀，非为生者也；经德不

回，非以干禄也；言语必信，非以正行也；君子行
法以俟命而已矣。

从先天的倾向，说到命，仿佛命是一个事实，命都是
自然而有。性则是超事实，不是一个事实。因为性始终是
将然，是一个可能性。所谓言语必信，差不多是冲口而出，
一种随意挥洒的话，亦即是表示不为什么的意思。他只是
自然是这个样子，不管那个结果，只是从生命发出来，就
是所以见出是性，并不是由外面加的。

动容周旋中礼都是自然是如此。此外有一条则仿佛是
性命对举的样子，孟子说：

口之于味也，目之于色也，耳之于声也，鼻之
于臭也，四肢之于安佚也，性也。有命焉，君子不
谓性也。仁之于父子也，义之于君臣也，礼之于宾
主也，智之于贤者也，圣人之于天道也，命也。有
性焉，君子不谓命也。

求则得之，舍则失之，是求有益于得也。求在
我者也。求之有道，得之有命，是求无益于得也，
求在外者也。

先讲"求则得之"一条。其求之有道以下则同。"口之于味"一条一并去讲。这一条是指性分中，自己生活的好。就生活工夫来说，与"操之则存，舍之则亡"的意思一样。我们懈惰的时候，就是失去的时候；不懈，才是得的时候。"求有益于得"这句话，应注重并不是求后，才有得，求以后，才有进益；即求，即是有益的时候，即是得的时候。拿下面的一条来对照，尤应注意这个意思。所谓有命，即是被限定。本来没有不被外缘所限定的事。所谓得者，若就现在的奋力来说，则是比现在多一点，这是情分中的得，一切再没有这个自由。这一点就是当下的尽力，当下的不懈，或当下从懈中出来，此是最自由的。但究竟能作到怎样，则是命，则是被决定。当求的时候，就是不懈的时候，也就是有益的时候；这完全同时，与下面求之有道，得之有命不同；那一面可以说是求之有道是有方法，无道是无方法。得与不得，故自由命也。看法何如也？这一面则全不如此。一求即得，并没有方法；求的时候就是得的时候，所以许多工夫都不是方法，因正在用工夫，并没有所谓方法，没有中间过路的桥。所求在外，这个外是缘，是有能求所求，所以求之则有方法。所谓求则得之，这有所能，故用不着方法也。这个缘具备不具备，很难说。即使具备，得不得也很难说。求与得完全是同时。

"口之于味也，目之于色也"，乃至"四肢之于安佚也"，究竟味之好不好，以至四肢安佚不安佚，都是属于外，需要外缘，故谓为命；而不说他是性，不去肯定而去求，不从性上去说，而从命上去说。仁之于父子也，乃至圣人之于天道也，父子是否得于仁，是否能从于仁，以至圣人之能否尽天道，照以前的看法，都是有命，很要看机缘，所以说命也。然而虽是被决定，但是人人有这一点先天的倾向，有这种可能性，所以说有性焉。故君子从倾向上去说，而不从命上去说，只管尽性或尽才，不管能尽仁尽义否，不管作到不能作到。照我的意思，有一个讲法，不知对不对——是说口之于味，以至四肢之于安逸，虽然是一个倾向，实在是一个注定，是出于我们的气质，出于安排好了的定的机能。好吃好安逸的倾向，实在是一个注定，虽然一看去是性，而实在是命。因性始终，是将然；即到圣人地步，还是将然。虽桀纣之性，仍是一个将然，尽性后也还是的。

　　然而注定，是已然；故看去是性，无不是命。仁之于父子，以至圣人之于天道，这些都是一定的道理，这种道理始终是一个将然，是一个性，不是已然，不是命也。

生活的工夫

　　生活的工夫，简单说之如下。孟子所说关于工夫的话很多，所谓养气，求放心，勿忘勿助。虽所说很零碎，其事实只有一个，不过有时就是这样说，是如此，有时就那样说，则如彼而已。在孟子的讲话中，所谓推、达，通熟、扩充等，都是一个意思。他之所以作这样解说，因他是性善的看法。性始终是一个将然，是一个倾向。这个倾向是善。我们的生活是要从这个倾向走出来，顺这种倾向把他作到家，这就是**推、达、扩充**等的意思。不过说一个推达扩充，很容易使人误会，**在事实上去达去扩充；在空间上去达去扩充**。其实这是一个时间的问题，只是生命自己这一面，而不是就外面的事实去说。若推思的话，若说"老吾老以及人之老，幼吾幼以及人之幼"的话，人能充无欲害人之心，而仁不可胜用也。人能充无穿窬之心，而义不可胜用也。人能充无受尔汝之实，无所往而不为义也的话，很容易认为是从空间去推，从外面的事实去扩充，完全成一个空间的看法，而其实是时间的问题。本来问题是时间的，工夫也是时间的，而其事实范围之广大，仅乃结果上是如此。**根本生命上没有空间，空间只能存在于时间，不能离时间而说空间**。在我的宇宙观是如此没有横广，只有纵的。儒家的意思始终只有"这里"，没有"那里"。只是要有这里，才有那里。那里之所有，因为是在这里，说一个生命，外面事实完全包括在内，说一个时间，空间也完全包括在内。**我们的工夫只能求常，不能求宽。这个意思很重要。**

因为我爱自己的小孩子，才爱他人的小孩子，这始终是一个行仁义。义袭而取或拔苗助长，因为完全是一个委属而非生命，自己怎样在空间上去推，非自得者，实是孟子所排斥的。我们的心若果是明明白白的，就是这样流行下去生活下去，这就是时间向上的扩充，就是我讲颜子时，所谓不懈，生命的相续，即时间上的扩充，**即让这不懈成功一个常。**

孟子所谓放心，就是懈，就是指那种逐物的心，即所谓我者是也。放逸，都是心不在的时候。不放逸，就是心常在的时候。我们不懈的时候，就是求放心的时候，也就是心常在的时候。我们的不好，无论哪一种，他的真正的因，不是如常人之所谓由于气质习惯或环境，乃是我们的心当下的懈惰。问题是在此，故只能在此去用功，所谓求放心者，也就是只是从懈到不懈。孟子彰明较著讲不懈的话，就是必有事焉，而无正，心勿忘，勿助长也。忘，自是懈了；助长，就是多添多用力；仍是一个懈，以至于如此。因为这种用力**不是心而是气。凡多用力，都不是真的力，而是借气质的力**。这，**都是堕入气质习惯的时候。**

"勿助勿忘"都是消极的形容不懈。必有事焉，则是从积极地讲。必有事焉，就是存其心那个存，这个话最分明。他说不动心，"不动心"不是一个功夫，只是一个结果。我们常说人类的心是一种天然变化，是一种罗素所谓无私的感情。此心原是不动的，而物类的心则常这种用力不是动。不动心，有误为是而非生命不喜不怒不忧不惧者，其实只算是不动情，非不动心也。

不动心，并不是无喜怒哀乐；仍是同样的喜怒哀乐，不过其心不为他所动耳，亦即**不牵于物之谓也，牵于物都是动。**没有一个情，不是自己的一个天然变化，随其自然变化，恰如行云流水一样，而不为所动。故虽然动而实是静。大程子所谓"动亦定，静亦定"者是也。**其实人心根本上没有静，总是动；然而虽动，若不牵于物，总是定。**

我们以前说，圣人与普通人的不同，就是**圣人的喜怒**

哀乐恰好，而常人不恰好。现在我们更可以说，圣人的喜怒哀乐是不动心的，而常人的喜怒哀乐则都是动心的，圣人只听他自己的天然变化，常人则不如是。我们要生活恰好，亦只有听自己之天然变化而已。

附录　孔子学说的重光

梁漱溟

今天开孔子诞辰纪念会，按中央规定的典礼节目，有孔子学说一项，现在由我来讲。

我常同大家说：中国近百年来遭遇一种不同的西洋文化，给我们一个很大的打击，让我们历久不变的文化发生变化，显出动摇。大家又都知道孔子在中国文化上的地位关系，所以中国文化受打击，发生动摇，当然亦就是孔子学说的受打击，发生动摇。此时孔子之被怀疑，是应有的现象，是不可少的事情。大概是应当这样子，不怀疑不行；只有在怀疑之后，重新认识，重新找回来才行。我曾告大家说中国民族精神，必须在唾弃脱失之后，再慢慢重新认识，重新找回来；他必不能是传统的传下来！因为传统已全无用处。可是重新认识，重新找回，很不容易！不能仍然敷陈旧说。

几时是孔子学说重光的时候？我们不敢说。在眼前很明白地还是一个晦塞的时候，怀疑的空气仍然浓厚。

我曾经努力这个工作——即对于孔子学说的重新认识，把晦暗的孔子重新发扬光大，重新透露其真面目。这个工作，依我所见，大概需要两面工夫。一面是心理学的工夫，从现代科学路子，研究生物学、生理学、心理学，这样追求上去，对人类心理有一个认识；认识了人到底是怎么回事，然后才能发挥孔子的思想。如无这面工夫，则孔子思想得不到发挥。因为孔子学说原是从他对人类心理的一种认识而来。孔子认识了人，才讲出许多关于人的道理。他说了许多话都是关于人事的，或人类行为的；那些话，如果里面有道理，一定包含对于人类心理的认识。对于人类心理的认识，是他一切话与一切道理的最后根据。所以心理学的研究是重新认识孔子学说、重新发挥孔子思想顶必要的一面工夫。还有一面，是对于中国的古籍，或关于孔子的书，要有方法地作一番整理工夫。我们现在无法再与孔子见面，所可凭藉参考的，除了传下来的古籍，更有何物？所以要想重新认识孔子，古籍的整理工夫，亦是很必要的。可是从来想发挥孔子思想学说的人很多，似乎都欠方法，很容易落于从其主观的演绎，拿孔子的一句话、一个意思、一个道理去讲明发挥孔子的思想，而没能够有方法地来发现孔子的真面目。

仿佛前人大都有此缺欠。所以孔子学说的发挥解释可以千百其途径：一个人有一个说法，一百人有一百个说法，一千人有一千个说法。同是孔子的一句话，我可以这样讲，你可以那样讲。讲孔子学说的人越多，孔子的真意思越寻不出。为什么越讲越分歧，越讲越晦暗呢？就在没有方法。自孔子以后，到现在很多年代，代代都有想讲明孔子学说的人，都自以为是遵奉孔子学说的人。可是遵奉的人越多，越加分歧，讲明的人越多，越加晦暗。今后如果仍然如此下去，岂不更没办法！所以我们现在要想讲明孔子，不能重蹈前辙，必须有方法的去清理一遍才行。当我们作这个工夫，不要忙着往高深处讲，宁可有一个粗浅的意思；如果粗浅的意思而是确定的，明了的，不可摇移的，大家公认的，就要胜过含混疑似、两可难定的高深之见！从粗浅起手，步步踏实向前走，不定准的话不说，说了便确定无疑；如此踏实确定地走向深处，庶可清理出一点头绪来，发现孔子的真面目。

现在总起来说：大概必须得有这两面：一面作认识人类心理的心理学工夫，一面作有方法的清理古籍的工夫，然后才能对孔子学说重新认识。

今天所要讲的是偏于后一面，即从粗浅的地方脚踏实地的来确定孔子是怎么回事。现在所讲的仍是好多年前——民国十二年——在北京大学讲过的：当我们研究孔子思想学说，首先应问孔子毕生致力研究的到底是一种什么学问？虽然大家都知道孔子的学问很多，许多人称赞孔子博学多能，当然是事实；可是他一定不单是博学多能。他的真正长处不一定在博、在多，假定孔子有一百样才能，一百样学问，那么，现有一百个专家亦不能及得孔子么？恐怕孔子有他一个毕生致力用心所在的学问，为他种种学问的根本。我们如此追问下去，就发现孔子毕生致力用心所在的学问，不是现在所有的学问。虽然现代世界学术很发达，大学专门的科学很繁多，可是统同没有孔子研究的那一门学问，并且给他安不上一个名词来。

很显而易见的，孔子研究的学问，不是物理化学或植物动物——不是自然科学；恐怕不单不是自然科学，并且亦非社会科学。孔子学说固亦包含类属社会科学的政治教育乃至其他种种的道理，但孔子毕生真正致力并不在此。也许有人要说孔子学问是哲学，我说孔子学说不单不是自然科学、社会科学，并且亦不是哲学。哲学一名词本非中国所固有，是从西洋外来的；如果哲学内容是像西洋所讲的那样子，则孔子学说可以断定亦非哲学。例如西洋哲学中有所谓唯心论、唯物论、一元论、二元论、人生观、宇宙观、本体论、认识论、机械论、目的论……孔子学说全然不是这一套复杂细密分析系统的理论玩艺。

如此看来，孔子学说很难安上一个名词；在事实上所有世界的专门大学很难找到有这样的学科。那么，孔子的学问究竟是什么呢？我们根据比较可靠的古籍——《论语》，来看孔子毕生致力用心所在的学问是什么。拿其中许多条来参考勘对，比较研究。我们发现最显著的一条："吾十有五而志于学，三十而立，四十而不惑，五十而知天命，六十而耳顺，七十而从心所欲不逾矩。"这是孔子自己说明他自己的话。我们要想明白孔子，这一条很有关系，很可帮助我们知道他。但这些话的内容是什么呢？"吾十有五而志于学"，志什么学呢？话很浑括，很难明白。"三十而立"，立字怎样讲呢？很不好讲，"四十而不惑"，不惑的究竟是什么？对什么不惑？不惑两字仿佛会讲，大概就是不糊涂吧！但其内容究是什么，则非吾人所可得知。"五十而知天命"。什么是天命？什么是知天命？亦不好乱猜。"六十而耳顺"，耳顺是一种什么境界？更不可知。"七十而从心所欲不逾矩"，就字面说似乎好讲，可是事实上更不好懂，因这是他学问造诣的顶点，是从志学……耳顺等等而来。对于那些我们尚且不懂，如何能懂得他七十岁时的进境呢？所以我们不愿随便去讲古人的话，不愿往深奥高明里去探求。

我们只注意这些话是孔子自己诉说他自己学问的进境与次第，至其内容如何，我们不愿乱猜。在前人亦许就要讲了，什么是不惑，什么是知天命，什么是耳顺，什么是从心所欲不逾矩。前人都可有一个解释给你。而我们则暂且留着不讲，先从粗浅处来看。这些话所讲的大概不是物理学、化学，乃至政治学、教育学吧？甚至亦不是哲学吧？哲学不像是这样。这些怎能是哲学呢？

他仿佛是说他自己——说他自己的生活，说他自己的生命，说他自己这个人。仿佛可以说，他由少到老，从十五到七十，所致力用心的就是关乎他自己个人的一身。我们隐约地见出他是了解他自己而对自己有办法。照我所体会，他的学问就是要自己了解自己，自己对自己有办法；而不是要自己不了解自己，自己对自己没办法。比如他说"不惑""耳顺""从心所欲不逾矩"，内容固然不好懂，可是我们隐约看出，到那时候，他的心里当很通达，自己很有办法，自己不跟自己打架。平常人都是自己跟自己打架，自己管不了自己，自己拿自己没办法。而孔子从心所欲不逾矩，自己生活很顺适，自己对自己很有办法。

这个意思我们可以体会得到，不是随便乱猜或妄说的。孔子毕生致力就在让他自己生活顺适通达，嘹亮清楚；平常人都跟自己闹别扭，孔子则完全没有。这种学问究竟是什么学问，安一个什么名词才好呢？恐怕遍找现代世界所有大学、研究院、学术分科的名词，都找不到一个合适的给他安上。孔子毕生所研究的，的确不是旁的而明明就是他自己；不得已而为之名，或可叫作"自己学"。

这种自己学，虽然现代世界学术很发达，可是还没有。这就是我们从《论语》上得到关于孔子学说的一点消息。现在再举《论语》一章可以帮助明白这个意思。"哀公问曰：'弟子孰为好学？'孔子对曰：'有颜回者好学，不迁怒，不贰过，不幸短命死矣！今也则亡，未闻好学者也。'"孔子最好最心爱的学生是颜回，而颜回最大的本领最值得孔子夸奖赞叹的就在"不迁怒，不贰过"。究竟"不迁怒，不贰过"如何讲，我们不懂，暂且不去讲明；但可以知道的一定不是自然科学、社会科学或哲学。从这二句话，又可证实上面发现的消息：大概"不迁怒，不贰过"是说颜回生活上的事情。还是我们上面所说：研究他自己，了解他自己，对自己有办法。"不迁怒，不贰过"，大概就是不跟自己闹别扭，自己对自己有办法。孔子学问是什么，于此似乎又得到一个证明。从学生可以知道先生，从弟子可以知道老师，最好的学生就是最像老师的学生。譬如木匠的好学生就是会作木工活的。裁缝的好学生就是最会缝衣服的。而孔子的好学生，没有旁的本领，是"不迁怒，不贰过"，则老师的学问是什么，亦可从而知之了。现在结束这面的话：我们要想讲明古人的学问必须注意方法，不能随便往高深处讲。说句笑话，我不是孔子颜子；即使是孔子颜子，我才四十二岁，如何能知道孔子六十而耳顺、七十而从心所欲不逾矩的境界呢！所以我们现在只能从粗浅易见的地方来确定孔子的学问是什么。虽属粗浅，可是明白确定；明白确定，就了不得！

比方孔子学问很古怪，不是这个，不是那个，说来说去都是说"他自己"；我们确定孔子学问是如此。意思虽很粗浅，可是很明白，很确定，可以为大家承认，毫无疑问，无可再假。我们如果这样一步踏实一步，一步确定一步，慢慢走向高明深远处，则孔子的真面目亦可被我们清理出来重新认识。

这是关于整理古籍方法一面的话；底下转回来讲孔子的学问。

孔子的学问是最大的学问，最根本的学问。——明白他自己，对他自己有办法，是最大最根本的学问。我们想认识人类，人是怎么回事，一定要从认识自己入手。凡对自己心理无所体认的人，一定不能体认旁人的心理；因为体认旁人心理无非以我度他，了解旁人必须先了解自己。我随便举一个例，如吃辣子，看见旁人张嘴作态，我就明白那是感觉辣的表现；我何以能知道？就在我曾经有过那样的经验，从我自己的经验可以推度旁人。不然，我对旁人的心理就无法知道。所以要想认识人类必须从认识自己入手；只有深彻地了解自己，才能了解人类。而了解人类则是很了不起的学问；因社会上翻来覆去无非人事，而学问呢，亦多关人事。如历史、政治、教育、经济、军事，都是研究人事的学问。所以明白了人，不啻明白了一切学问；明白了人类心理，能作的事就太多了。他可以办教育，开工厂，干政治，可以当军事官，带兵，因这些无非是人事啊！可是孔子学问之大远不在此，虽然对于人类心理的认识，是一切学问知识的最后根据，不过这仍为一种知识学问，孔子的伟大尚不在此。

孔子学说的真价值，就在他自己对自己有办法，用他自己的话说，就是从心所欲不逾矩。自己对自己有办法，亦就是自己不跟自己打架，自己不跟自己闹别扭。所谓自己对自己有办法，其实尚是我们解释他的话，在他自己无所谓有办法无办法，只是他的生命很圆满，他自己的生活很顺适而已！此即孔子学说真价值所在。

申言之，所有办法皆从了解来，因为一切学问都包含两面：一面是对其研究对象的了解，一面是对其研究对象的有办法；而办法则从了解来。办法是偏乎应用一面，了解是纯粹研究的工夫。如果对于人类心理有认识有办法，那一定是从深彻的了解个人自己起；了解自己与对自己有办法，是丝毫离不开的。如对自己没办法即不能对自己有了解，对自己无了解亦不会对自己有办法。反之，有一点了解即有一点办法，有一点办法亦有一点了解。愈了解自己便愈对自己有办法，愈对自己有办法便愈了解自己；所以办法与了解是一回事的两面，即了解即办法，完全离不开。这是一种最亲切最有用的学问。

　　现在的西洋人，我敢断定，将要失败。我更说一句话，现在的西洋人要失败在中国人面前。"为什么？"大家一定会诧怪发问。就是因为西洋人对什么都了解都有办法：天上的电，地下的矿，山上的草木无不了解；上穷天际，下极地层，都有办法。西洋人对一切都考查研究过，一切都明白都有办法。可是他就差了一点，少回来了解他自己，体认他自己，所以对自己没有办法。西洋人诚然发达了许多学术，不过对自己尚没有顶亲切而有用的学问。他对物的问题算有解决，而对自己则无办法。这就是我说西洋人非失败不可的原因。中国人占一个便宜，即他一向受孔子的启发与领导，曾在了解自己的学问上用过心。我在《中国民族自救运动之最后觉悟》一书中有几句话与刚才说的意思相关系，大家可以用心去想：

中国文化和印度文化有其共同的特点，就是要人的智慧不单向外用，而回返到自家生命上来，使生命成了智慧的，而非智慧为役于生命。

西洋人至近代以来，学术虽很发达，可是都系智慧向外用的结果。所谓智慧为役于生命，即系智慧单单成立了生命的工具。中国最高学问与印度的最高学问，是让智慧回到自己生命，使生命成立了智慧的生命。而普通人的智慧都向外用，生命仍是蠢生命。智慧回头用在了解自己，认识自己，自己有办法，此时生命不是蠢生命而是智慧的生命。西洋人虽然会造飞机，上升天空，可是他的生命是蠢的，所以制造无数飞机放炸弹，自己毁灭他自己，自己对自己没办法。自己对自己没办法，则其他办法都不是真办法。中国人对其他办法——征服自然一方面很不够，而回头认识他自己，了解自己，对自己有办法，亦没作到好处；作到好处的只有少数圣贤，这是中国人今天失败的原因。可是西洋人对于人类根本地方，少所了解，少有办法，所以我断定他亦要失败。等到西洋人失败的时候，中国文化的坠绪从新接续，慢慢再发挥光大。孔子学说的价值，最后必有一天，一定为人类所发现，为人类所公认，重光于世界！

原文载于《乡村建设》旬刊，4 卷 5 期

1934 年 9 月 16 日

跋 这就是孔子的人生态度

梁钦元

一、讲明白：这是孔子的人生态度

这本《孔学绎旨》，我认为是梁漱溟先生毕生践行儒门孔学时对孔儒思想精神的重要归纳。

早在 1920 年，梁漱溟先生在北大讲授《东西文化及其哲学》时，就已对孔子的人生态度做了一些阐述，并结合这些态度在做自己的生活。1923–1924 年间，他陆续在北京大学、燕京大学及武昌师大等地专门讲解孔儒思想。他计划写一本书，拟名为《孔学绎旨》；但他又很谨慎郑重，对书名有更周全的想法，但不知何故，在他有生之年却始终未能成书。

后来坊间流传的油印本名为《孔家思想史》，如代序所述，梁漱溟先生最初虽用此名在北大讲授，但他心中颇觉此名未能达到"文题相宜"的意味，故此后他再不用"孔家思想史"之名。再有他也未能如自己所计划续讲"荀子、董仲舒……"等内容；这就使得"孔家思想史"有些"名实不副"，而在《人心与人生》《东西文化及其哲学》自序中，他一直提及的也只是《孔学绎旨》，再不是"孔家思想史"。

　　在校勘"油印本"并欲出版付梓过程中，我也清晰地意识到如何"命名"此书是个很重要的问题。最终决定以《孔学绎旨》为名。这既是经我与先父梁培宽、家母及叔父梁培恕的反复洽商；又认真听取了中华书局方面的宝贵意见和建议，最终确定的。

　　本着遵循祖父的初衷，做此"返本开新"之举。市面上广为流布的由李渊庭、阎秉华整理的《梁漱溟先生讲孔孟》——"孔家思想史"文本中，错谬、遗漏实在太多，明显有悖祖父主张和初衷。恢复采用祖父曾拟的《孔学绎旨》，旨在更利于读者辨明、了解此书的真意。

　　2018年2月起。我着手对本书进行校勘、编修工作，而今最终得以付梓。

　　梁漱溟先生心目中的《孔学绎旨》是怎样的呢？ 1929年他在《东西文化及其哲学》第八版自序[1]中写道：

我深自觉在这本书中所为儒家的讲说没有方法，实无以别于前人。因有《孔学绎旨》之作，期望着有点新的成功；曾于十二年至十三年间（此处为民国纪年，即：1923—1924年）为北大哲学系讲过一个大概。所有这书中讲的不妥处亦是预备以新作来救正。

不仅如此，在《东西文化及其哲学》附录"《人心与人生》自序"中，祖父再度谈及：

将另成《孔学绎旨》一书。故尔，此书之作，不独取祛俗敝，抑以自救前失，皆不容已也。

此书初稿本是《孔学绎旨》的一部分，——原初只是《孔学绎旨》一部书而已。《孔学绎旨》在民国十二年秋讫十三年夏的一学年（1923—1924），曾为北京大学哲学系讲过一遍。凡此大意，尔时约略已具。但当时只系临讲口授，虽粗备条目，未曾属文。是秋赴曹州办学，遂从搁置。（外间有以笔记流传者，概未得我许可，抑且未经我寓目，全不足据。）及今动笔，睹时人言心理者率从俗学，一世耳目皆为所蔽，念非片言可解；而旧讲子此，亦复发挥未尽。因划取其间涉论心理之部分，扩充附益，自成一书。[2]

又在该书中附录三《我对人类心理认识前后转变不同》中再次重述强调：

> 1923—1924 年的一学年在北京大学开讲"儒家思想"一课，只是口说，无讲义，由同学们笔记下来。外间有传抄油印本，未经我阅正[3]。我自己打算把它分为两部分，写成两本书。一部分讲解儒书（主要是《论语》，附以《孟子》）的题名《孔学绎旨》……

在 1934 年，梁漱溟先生再度提及：

> 我心目中愿写出以下四本书：第一为《东西文化及其哲学》，此已有讲稿出版；第二为《人心与人生》，此书内容于十六年春曾为北京学术讲演会讲过三月，约得原书之半，全稿则未暇着笔；第三为《孔学绎旨》，第四为《中国民族之前途》（亦名《乡村建设理论》）[4]……

可以说《孔学绎旨》是祖父在《人心与人生》成书前先行"约略已成"（就是经听课弟子记录的原始《孔家思想史》，但此油印本始终不曾经过梁漱溟先生本人审核，著者已作声明）。这也是编者为何将本书命名为《孔学绎旨》的主要原因。

他认为：孔子的真面目和真精神在先秦以后便被"雾霾笼罩"了，故而模糊不显；他立志要对孔子作一个真面目的揭示。而他对孔子的认知，和古往今来诸多学者有着最大的不同——诚如美国学者艾恺曾指出的，真正的儒者是要把孔子的主张用之于自己的生活、生命上，去一以贯之地践履实修；而不少学者专家虽然也格外专注、并精通于解读儒家经典，但他们似乎仅停留在文字语言符号上的说明解释。牟宗三先生的一段话，很能廓清这一点："他（指梁漱溟先生）独能生命化了孔子，使吾人可以与孔子的真实生命及智慧相照面，而孔子的生命与智慧亦重新活转而披露于人间。同时，我们也可以说他开启了宋明儒学复兴之门，使吾人能接上宋明儒者之生活与智慧。"[5] 牟宗三先生进一步指出梁漱溟先生对待孔子研究很与他人不同，是一种自家生命的践履实修。

祖父自己的人生态度是什么？

他一生都认真践行"守之以道，行其所知"；"儒家孔门之学是一种什么学问？它显然不是自然科学，不是社会科学，更不是人生哲学"；"儒家孔门之学为体认人的生命生活之学，要在反躬修己的实践，不宜以哲学思想目之，最好不从思想理论来待之。"这是祖父原话。

孔学是什么？孔子是怎样的？

祖父认为：孔子学问是很博的，大家都认他修《诗》定《礼》序《易》作《春秋》，传《六艺》，似乎孔子无所不能。但这些，都不算孔学。而研究孔子的相关书籍很多，《大学》《中庸》《书》《孔氏家语》等等，半皆靠不住。只《论语》一书是可信的。而孔学，毕生所讲所做的是他的生活。

他反复重申："所谓孔学，就是生活"；"孔子一生致力的学问非他，就在自己生命和生活的向上进步提高。"祖父讲东西文化不同，哲学是讲道的，只管去讲不去实行的；可孔子的东西却是一定要去做出来，像大程子说的要"学至气质变，方为有功"，不能走一个仅仅讲道、闻道就完了的路。

祖父致力于把孔学引到着重人生的路上来，反对像汉唐经学家只在书本、文字上着眼，什么哲学的、形而上学的名词观念全都不讲，这都是些自诩的"儒家们"所歪曲，或是"添了三聚氰胺"的。《孔学绎旨》要义就是：最直截了当在生活中用心、用力，在自家的生命上下功夫、求精进。孔子的学问就是"自己学"。

二、李阎整理版《梁漱溟先生讲孔孟》[6]与《孔家思想史》油印本[7]比对

（一）"孔家思想史"油印本的由来

先父梁培宽先生在代序指出，当年依当时惯例：在北大讲课，教师要为听课学生提供讲义，然而不知何故，这门"儒家思想"课，祖父并未循例分发讲义，是听课的几位弟子以课堂笔记的方式把内容记录了下来。他们又认真地加以汇总编辑，并动手刻蜡版油印而成"孔家思想史"油印本。有赖于这几位弟子当年努力，才使得而今的我们有幸得见梁漱溟先生对儒门孔学的独到解读。

2018年月2初，先父在整理家中书籍物品时，发现了原始的《孔家思想史》油印本。而当年1月底我应邀赴广州。2月4日我在广州做了题为《梁漱溟先生心目中的儒门孔学》的公开演讲。当知晓先父找到了油印本后，我感到由衷地兴奋和喜悦！

从先父手中接过《孔家思想史》油印本之后，捧着这本近百年前凝聚着祖父心血与智慧结晶的小册子，我认真地

逐页翻阅……心里既感到很温馨很受益，又感到沉甸甸的。这本小册子里既蕴含着祖父的睿智思想，也浸润着当年追随他的王平叔、张俶知、钟伯良、刘念僧等诸位先辈的汗水心血，更饱含着他们对中国传统文化、对恩师的深情。

这本竖排版的油印本经历那么久远的岁月，纸张已泛黄，且有明显磨损；我意识到须保护好来之不易的油印本。我即亲自将其扫描成电子版本（PDF）。

（二）《梁漱溟先生讲孔孟》一书的由来

由李渊庭、阎秉华编辑出版的《梁漱溟先生讲孔孟》，自 1993 年面世，一直受到不少读者及学者的高度关注，此书前后更换了若干出版社，陆续发行已逾 26 年了，可谓是一本"常销书"；这对热爱中国传统文化，尤其是景仰孔子的各位不啻是一大福音。

《梁漱溟先生讲孔孟》书中七成多的内容，源自油印本《孔家思想史》，在此书"整理后记"（以下简称"后记"）中，作为整理者之一的李渊庭先生写道："1934 年，四川友人席朝杰送我一本，我珍藏至今。现在我们整理的即以此为据"。显然"此"与"一本"俱指 1923 年，由当年亲临北大聆听过祖父讲述"儒家思想"课的弟子们，结集笔记并编辑刻写、油印装订成册的《孔家思想史》。

李、阎夫妇均曾跟随我祖父数十年，但在 1923 年，祖父在北大讲授"儒家思想"时，李先生尚未见到梁漱溟先生——即记录了当年"儒家思想"内容的《孔家思想史》油印本的形成，与李先生并无任何关联。而阎女士则是在 1940 年代与李先生成婚后，才得以结识并跟随我祖父的。在 1993 年"后记"中很明白，1925 年他才"随侍梁漱溟、熊十力两位老师求学，梁先生曾面授儒家思想大要"。

　　前文曾提及《孔家思想史》在《梁漱溟先生讲孔孟》一书中占比约 70%，而其余 30% 的文字则完全来自已公开出版发表的祖父论及儒门孔学的文章。即：经由李阎二位亲自"整理"的仅是《孔家思想史》而已。

　　李阎二老为传扬儒门孔学，也是很尽力的。这在其书"后记"中清晰可见——时年 82 岁的李先生已"双目失明，读书写作均不可能。每每想到我珍藏了数十年的这本记录稿，如任其湮没，私衷难安；我老伴阎秉华知道我这种心情后，提议由她逐字逐句念给我听，共同加以修订"。而在 1993 年，当时祖父的著作出版发行并非易事，二位老人也是千方百计找到了愿意出版《梁漱溟先生讲孔孟》的出版社，并赶在祖父冥诞百年之际，将之付梓。李阎二老是自有其功的。

　　作为梁家后人，我对李阎二老此举深表敬意。不过需要声明的是，自 1993 年《梁漱溟先生讲孔孟》一书面世以来，尽管署名著者"梁漱溟"，但此书 26 年来的全部收益尽归李阎及其家人。

（三）油印原本与李阎整理版的异同

刚拿到《孔家思想史》油印本之际，我便怀着好奇的心情，把油印本与李阎整理的《梁漱溟先生讲孔孟》中的《孔家思想史》仔细比对，谁知却让我大为惊诧：李阎整理版《孔家思想史》（以下简称"李阎版"）与油印本出入很多，字、词、句多有错漏，不仅存在语词任意替换、句读不严的情况，更有不少语句整段被遗漏等。两者的差别真可谓"实在太大了"——

1. "李阎版"中，一至六为梁漱溟先生讲孔子，从"命名"至孔子十四个态度，经校勘发现出入 539 处；第七讲孟子，247 处出入。

2. 现取几例实证，可作对比。附相关截图，以便于对比分辨：

例 1 ：

李阎版 106 页第 5 行：以人心是德，是超本能的。

油印本 139 页 11 行：以人心是仁心，是超本能的。（图一）

以"人心是德"替换原句"人心是仁心"。此处相关人心、物心区别而论。既有前句"我们以前说"，且拿本书中前话比照。"人心与禽兽心之不同"，"则是仁者，只人有，而禽兽则无"。又"可以指出人心是仁"，这就是此处"以前说人心与物心之不同"。又从关联下句看："若冲动经由此仁心而出"，"仁心"显然指上文"以人心是仁心"。

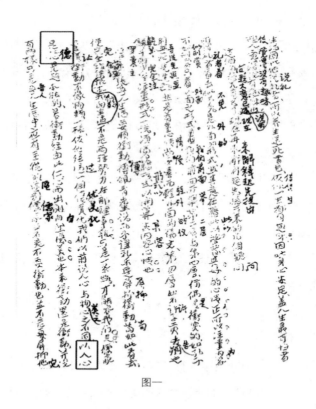

图一

例 2：

李阎版 107 页第 6 行："规范的东西"。

油印本 141 页 3 行："呆定的东西"。(图二)

看了完整的上下句后，再来理解"规范"——包含条文律规和俗成，但它还具一种合乎模式甚至合理性而易流于概念上，认知上"规范"是可经修订的。但油印本上

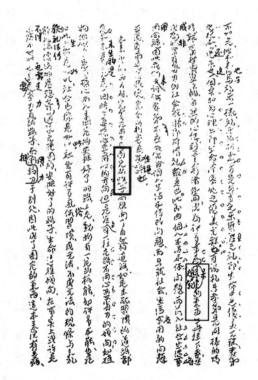

图二

"呆定的东西"词语，则不落入概念牵制，又有特指，其词义指向明确：凝滞呆板，一种固化；无疑更为生动传神、不含糊地直接去描述和呈现其本质："也可说礼乐孝弟是同样的情形，就是由里面灵活的、自然的心体，到后来形诸外面，成为许多事为（呆定的东西）此即由个人生活本体落入社会生活事用问题。"在此后的文字中，我们也看到：由此产生的一种"固定呆板的路子"（呆定的）。对这种教条地"走固定的路子，而离了自然的道路"——祖父是持否定态度的，认为这通统是硬固的，有极明显的弊害，完全无合理性可言。此外，在《中国文化要义》[8] 一书第 101页 19 行和此页第 21 行，以及第 112 页第 16 行中，祖父三次都使用了"呆定"一词，显然"呆定"既符合他的用词习惯，也更为切当妥帖。

例 3：

李阁版 63 页 2 行：利害祸福看作外面的境遇。故在孔家……

油印本 79 页 11 行：利害祸福看作外面的境遇。（我们看向前的人，总是站在祸害一面；而听天机以动的人，总是站在福利一面。）故在孔家……（图三）

早先读李阁版时，我并不知道此处括号里有这几句话

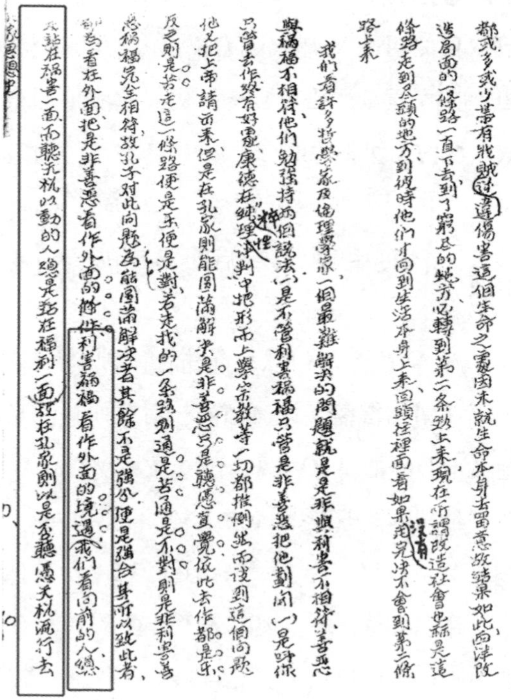

都或多或少帶有戕賊(过)這傷害這個生命之處因未就生命本身去留意故結果如此西洋改
造局面的一條路一直下去到了窮盡的地方必轉到第二条路上來現在所謂改造社會也就是這
條路走到盡頭的地方到彼時他們才回到生活本身上來回頭往裡面看如果(沒有)完決不會到第二條
路上來
我們看許多哲學家及倫理學家一個最難解決的問題就是是非與利害不相符、善惡
與禍福不相符他們勉強持兩個說法(一)是不管利害禍福只管是非善惡把他劃開(一)是將係
只管去作終有好處康德在純(粹)理(性)批判中把形而上學宗教等一切都推倒然而後到這個問題
他又把上帝請回來但是在孔家則能圓滿解決是非善惡只是聽憑直覺依此去作都是樂
反之則是苦走這一條路便是樂便是對若走我的一条路則通是苦通是不對則是非利害善
惡禍福完全相符故孔子對此問題為能圓滿解決者其餘不是強分便是強合其所以致此者
都為看在外面把是非善惡看作外面的條件利害禍福看作外面的境遇我們看向前的人總
是站在禍害一面而聽天机以動的人總是站在福利一面故在孔家則以是否聽憑天机流行去

图三

（30 个字！）；而今看来，这些被遗漏的文字无疑是极有助于读者加深理解其要旨的。待见到油印本原文后，我方才觉察到被遗漏的内容实在是“不可或缺”的。可叹的是这类严重遗漏，在李阁版中屡见不鲜。

读到这些出入、错漏之时，我既吃惊更感慨，也不禁回想起祖父所言：“一切罪恶过错皆由懈惰中来。”当然，我们也必须考虑到：李阎二老在整理之际已老迈年高，而李先生已双目失明……所以，自然无须对李阎整理的《孔家思想史》文本质量严格要求；且仍要学习他们不顾年老体衰，依然尽力工作不辍的行为。

三、返璞归真，务本求实

尽量真实准确地把梁漱溟先生的"原义"呈现给读者，以免再让错讹继续广为流布——对我而言既是理所当然，更是义不容辞的。

此外"油印本"《孔家思想史》本身也存在着一些很明显的问题；甚至可用"突兀"来描述，这不仅被李阎二人所疏忽；就是本人也曾严重地疏失了。直至 2020 年 6 月中旬，笔者才"猛然意识到"这些问题——譬如：油印本中，祖父先后两次讲述孔子的 14 种人生态度的顺序差异很大。在前面的简述时，是将"乐"放在首位；而在后面详解 14 种人生态度则又将"仁"放在了第一位。前面简述谈及第 7 种人生态度是"非功利"，而在后详解第 7 种人生态度则是"毋意、必、固、我的态度"；总之，简述与详述中孔子的 14 种人生态度的排序，竟有 8 处彼此不统一。1923 年在燕京大学，梁漱溟先生应邀演讲《孔子的真面目将于何求》[9]一文中，他是明确地将"乐"列在孔子的人生态度的第一位，而此文无疑是他本人亲自撰写的。

此外，由于早年油印本是用蜡版刻写，手工油墨印制的，自然受到诸多"客观条件的局限"。譬如：为了节省篇幅纸张并便于刻写油印，所以格式版式只能"将就"。在标点符号使用上，尤其是占据竖排行间"可圈可点"的"着重号"，极易错位。在文字的段落划分上，也很局促乃至"悭吝"，加之繁体文本，不便今人阅读理解，多有困扰。

考虑到祖父在其毕生著述中，屡屡谈及《论语》最初最深刻的印象就是："《论语》辟首即拈出悦乐字样，其后乐字层见叠出，偻指难计，而通体却不见一苦字。相反地，《般若心经》总不过二百数十字之文，而苦之一字前后凡三见，却绝不见有乐字。此一比较对照值得省思，未可以为文字形迹之末，或事出偶然也。"[10] 再结合 1923 年的《燕京大学学刊》及《北京大学日刊·增刊》上所刊载的相关文字，我与先父反复洽商后，兹决定将"乐"列在孔子的14 种人生态度的首位。再把前面简述依次做相应的调整，使前后对应一致。这个"改动"看似扰动了油印本中排列顺序，实则文字基本未做更改增删，既遵从祖父的初衷，也便于读者阅读。

整理编辑前辈故人的文稿，我认为需以"务本求实，谦恭谨慎"为原则，如同修葺古迹、修复文物，尽力"修旧如旧"，本着原有文字，将其主张观点、寓意、文风语气"如实"呈现，不宜"以我为主"，更不能随意"捉刀代笔"。

凡熟悉并阅读过祖父文章的人，想必都能感受他独特的言辞语气。北大教授汪丁丁指出："对于梁漱溟的著作，是在中国的社会实践中对照着反省，才意识到文字如他自己解释的一样，不可视为'文字'读，而应视为人生感悟的符号表达。若是感悟不到，则读了也不懂。"[11]

祖父在《忆熊十力先生》中曾讲："学术天下公器，忠于学术即吾所以忠于先生。吾不敢有负于四十年交谊也。"这让我深感身为梁漱溟先生长孙，责无旁贷，自当尽力传承祖父之志，故而重新校勘、编辑，力求准确如实地传扬梁漱溟先生"最本然"的解读和精神，方能俯仰无愧天地及祖父在天之灵。

本书编修与出版的过程，得到中华书局、相关友人以及耄耋之年的先父（梁培宽先生）的指点帮助与大力支持。

谨愿本书能够让读者注意到：需要把孔子的十四个人生态度在各自生活上、生命中用功夫，来做实自己的生活，才能让这十四个人生态度有温度，有力度，有彩色，才能让自己真正感受到生活之好，生命之乐。

梁钦元

2022.5.24

注释

1 见《梁漱溟全集》第一卷，325 页，山东人民出版社 2005 年 5 月第二版。

2 见《梁漱溟全集》第一卷，《东西文化及其哲学》附录《人心与人生》自序（上同），329 页。

3 于《东西文化及其哲学》附录二、三里多次重述，为一回事，可见著者态度。

4 《我生有涯愿无尽：梁漱溟自述文录》。

5 见牟宗三著《生命的学问》，112—113 页，台湾三民书局，1984 年 7 月。

6 《梁漱溟先生讲孔孟》一书，最初在 1993 年由中国和平出版社出版发行。其后，据不完全统计又经由数家出版社陆续出版、发行；本次比对所据版本系商务印书馆 2017 年 3 月版。

7 原始《孔家思想史》油印本并未标注页码。

8 《中国文化要义》，上海人民出版社 2011 年 6 月第二版。

9 见《燕京大学学刊》第 25—26 期，及《北京大学日刊》增刊第 1372 号。

10 梁漱溟著《儒佛异同论》。

11 汪丁丁：《梁漱溟先生的几件往事》。